Königs Erläuterungen und Materialien
Band 354

Erläuterungen zu

Thornton Wilder

Die Brücke von San Luis Rey

von Thomas Richter

C. Bange Verlag – Hollfeld

Herausgegeben von Klaus Bahners, Gerd Eversberg
und Reiner Poppe

ISBN 3-8044-0344-1

Satz: Teamsatz Sachs & Partner, 8581 Neudrossenfeld
Druck: Thomas Beyer, Langgasse 23, 8607 Hollfeld

Inhalt

Seite

Zitate in deutscher Sprache sind der Fischer Taschenbuchausgabe „Die Brücke von San Luis Rey" (1, 1982) entnommen; in den Fußnoten werden die entsprechenden Seitenzahlen angegeben.

Englische Zitate entstammen der Ausgabe "Thornton Wilder, The Bridge of San Luis Rey, Penguin Books 332, 1954". Die Einführung zu diesem Band ist unter III.1., Allgemeines, abgedruckt.

"... missing (as most readers do) the whole purport of literature, which is the notation of the heart. Style is but the faintly contemptible vessel in which the bitter liquid is recommended to the world."[1)]

„... und ließ sich (nicht anders als die meisten Leser) just das entgehn, was der eigentliche Sinn der Literatur ist: die Notation des Herzens. Der Stil ist bloß das fast verachtenswerte Gefäß, worin der Welt der bittere Trank anempfohlen wird."[2)]

(Der Erzähler von "The Bridge of San Luis Rey")

---

1) p.17.
2) S. 22, Z. 4 – 8.

I. Leben und Werk des Autors

1. Kurzer biographischer Abriß

Thornton Nathanael Wilder wird am 17. April 1897 in Madison, Wisconsin geboren. Im Jahre 1906 verzieht die Familie nach China, wo sein Vater amerikanischer Generalkonsul in Schanghai wird. Hier besucht der junge Thornton deutsche und englische Missionsschulen. 1914 – kurz vor Ausbruch des 1. Weltkrieges – kehrt die Familie in die Vereinigten Staaten zurück.

Thornton Wilder studiert in den folgenden Jahren am Oberlin-College, an der Universität New Haven und schließlich in Yale, wo er 1920 abschließt.

Im Jahre 1920 erscheint auch sein erstes Werk. "The Trumpet Shall Sound", ein Drama. 1920/21 besucht Wilder zum ersten Mal Europa, an der American Academy in Rom studiert er Archäologie und Französisch.

Zurück in den Vereinigten Staaten ist Thornton Wilder bis 1925 Lehrer für Französisch in Lawrencehill, New Jersey. 1925 promoviert er an der Princeton-Universität in New York und lehrt dann bis 1936 an der Universität von Chicago (Lecturer on Literature).

In diesem Zeitraum tritt Wilder als Schriftsteller hervor. 1926 erscheint sein erster Roman "The Cabala", und im Jahr darauf "The Bridge of San Luis Rey", wofür Wilder mit dem Pulitzer-Preis ausgezeichnet wird. (Er soll ihn noch zwei weitere Male erhalten).

Im Jahr 1930 besucht Thornton Wilder wieder Europa; 1930 erscheint auch sein dritter Roman "The Woman of Andros". Im Jahr darauf erscheint "The Christmas Dinner" und vier Jahre später "Heaven's My Destiny".

Für sein 1938 erschienenes Drama "Our Town" erhält Wilder zum zweiten Mal den Pulitzer-Preis; es macht ihn auch als Dramatiker berühmt und hat weitreichende Auswirkungen auf das moderne Theater. "Our Town" wird bereits 1940 von Hollywood mit großer Besetzung verfilmt.

1938 wird Thornton Wilder in die "American Academy Of Arts And Letters" aufgenommen.

Ein weiteres Drama, "The Skin of our Teeth" erscheint 1942, und Thornton Wilder wird zum dritten Mal mit dem Pulitzer-Preis ausgezeichnet. Wenig später tritt Wilder in die U.S.-Army ein und nimmt als Offizier aktiv in Afrika und Italien am 2. Weltkrieg teil (bis 1945). Im Jahre 1948 erscheint dann der Briefroman "The Ides of March". Zwei Jahre später – 1950/51 – bekleidet Wilder eine Professur in Harvard; es folgen Reisen nach Europa, wo er in mehreren Städten Vorträge hält. 1955 erscheint der Roman "The Alcestiad", zwei Jahre später wird Thornton Wilder mit dem Friedenspreis des Deutschen Buchhandels in Frankfurt ausgezeichnet. Im gleichen Jahr – 1957 – folgen weitere Ehrungen, wie die Goetheplakette und Wilder's Aufnahme in die Friedensklasse des Ordens „Pour le Mérite".

Im Jahre 1967 erscheint der Roman "The Eighth Day" und wird im folgenden Jahr mit dem "National Book Award" als bester amerikanischer Roman des Jahres ausgezeichnet.

Im Jahre 1974 – ein Jahr vor Wilder's Tod – erscheint der letzte Roman des Schriftstellers, "Theophilus North", ein Werk, das im Schatten berühmterer Romane Wilder's steht.

Am 7. Dezember 1975 stirbt Thornton Wilder, achtundsiebzigjährig, in Handen, USA.

2. Das literarische Werk von Th. Wilder

2.1. Dramen

1920 **"The Trumpet Shall Sound"**

1931 **"The Long Christmas Dinner"**

1938 **"Our Town" („Unsere kleine Stadt")**

Mit "Our Town" wurde Wilder einem größeren Publikum auch als

Dramatiker bekannt, das ihn vorher – vor allem durch das 1927 erschienene "The Bridge of San Luis Rey" – als Romanschriftsteller kannte.
Wilder schafft die Figur des "Stage Manager" („Spielleiter"), der zwischen den Charakteren des Stückes und den Zuschauern steht, und vermitteln soll.
"Our Town" zeigt uns das Leben einer kleinen, typisch amerikanischen Stadt während mehrerer Jahre. Der "Stage Manager" läßt längst vergangene Ereignisse wieder Revue passieren. Scheinbar umsonst sind alle Mühen der Menschen, scheinbar sinnlos vergeht ihr Leben. Thornton Wilder über "Our Town":[1)]
„It is an attempt to find a value above all price for the smallest events in our daily life (...)".

1938 **"The Merchant of Yonkers"**
s. u. **"The Matchmaker"**

1942 **"The Skin of Our Teeth" („Wir sind noch einmal davongekommen")**

Am Ende der Kriegswirren – inmitten all der Zerstörungen – drückt der Hauptcharakter Antrobus seine Hoffnung auf eine neue, bessere Welt aus, die es jetzt gemeinsam zu errichten gilt:[2)]

„All I ask is the chance to build new worlds and God has always given us that. And has given us (opening the book) voices to guide us; and the memory of our mistakes to warn us. Maggie, you and I will remember in peacetime all the resolves that were so clear to us in the days of war. We've come a long way. We've learned. We're learning."

1954 **"The Matchmaker"** (Neubearbeitung von **"The Merchant of Yonkers";** 1954 in Edinburgh uraufgeführt.)

1) im Vorwort zur Penguin-Ausgabe.
2) Act III.

Bei dieser Komödie, deren erste Fassung Max Reinhardt 1938 in New York inszenierte, handelt es sich um eine Bearbeitung von Nestroy's „Einen Jux will er sich machen" (Wien, 1842).

1955 „Alcestis" („Alkestiade")

Auch dieser – weniger bekannte – Roman Wilder's spielt wieder in der Antike.

Das Bemühen, neue Ideen in die Dramatik einzubringen, zeigt sich auch in Wilder's zahlreichen Dreiminutenstücken, die nach dem 2. Weltkrieg auch in deutscher Übersetzung erschienen sind.

2.2. Romane

1926 "The Cabala"

Der erste Roman Wilder's führt uns in die Welt der römischen Aristokratie nach dem 1. Weltkrieg; er zeigt eine morbide, sich selbst überlebende Gesellschaft.

(Thornton Wilder hatte sich 1920/21 in Rom aufgehalten.)

1927 "The Bridge of San Luis Rey"

siehe Teil III des Buches

1930 "The Woman of Andros"

Dieser Roman spielt in der griechisch-römische Antike, eine Szenerie, die Wilder in seinen späteren Werken noch mehrmals verwenden soll ("The Ides Of March", "The Alcestiad").

Erzählt wird das Schicksal einer Hetäre, die sich in einen jungen Mann aus vornehmer Familie verliebt. Pamphilos aber ist nicht fähig, sich gegen alle gesellschaftlichen Zwänge zur Liebe zu bekennen. Die Geschichte endet tragisch; Chrysis stirbt an einem Herzleiden, ihre Schwester, die von Pamphilos ein Kind erwartet, im Kindbett.

„. . .ich möchte jemand sagen, daß ich das Schlimmste erlebte, das die Welt mir antun konnte, und dennoch die Welt und alles Leben preise. Alles was ist, ist gut. Erinnere dich eines Tages, erinnere dich meiner als einer Frau, die alles liebte und alle Dinge von den Göttern hinnahm, die lichten und die dunklen, und tue du ein Gleiches. Leb wohl!"

(Chrysis auf ihrem Sterbebett.)

1935 "Heaven's My Destiny" („Dem Himmel bin ich auserkoren")

Der Roman erzählt die tragikomische Geschichte des jungen George Marvin Brush, der im Amerika der Depression als Handlungsreisender unterwegs ist. Brush versucht konsequent nach seinen streng religiösen Grundsätzen zu leben und gerät dadurch auf seinen Reisen in immer haarsträubendere Verwicklungen. Mehrmals wird er gar aufgrund von Mißverständnissen ins Gefängnis gesteckt (u. a. weil er Banken für Teufelswerk hält und so bei der Kundschaft für Aufruhr sorgt). Man erklärt ihn schließlich für verrückt, und seine Ehe, die er aus ethischen Gründen geschlossen hatte, scheitert. Brush verzweifelt an seinem Glauben („Ich beging mein ganzes Leben den Irrtum zu glauben, daß man besser und immer besser werden könne, bis man vollkommen wäre).[1)]

Aber diese Krise geht vorüber, und bald nimmt Brush sein altes Leben wieder auf, den Kampf eines modernen Don Quijote gegen die Windmühlenflügel der amerikanischen Gesellschaft des 20. Jahrhunderts.

---

1) Die philosophischen Anschauungen von Mahatma Gandhi sind für die Hauptperson und in der Handlung des Romans von entscheidender Bedeutung.

1948 "The Ides of March" („Die Iden des März")

Dies ist ohne Zweifel einer der größten und bedeutendsten Romane Wilder's. Die Thematik des gut zwanzig Jahre zuvor geschriebenen "The Bridge of San Luis Rey", die Frage nach dem Sinn menschlichen Lebens (die überhaupt das ganze literarische Werk Wilder's durchzieht), wird erneut aufgenommen.
Der Roman spielt im Rom des Jahres 44 v. Chr., dem Jahr der Ermordung Caesars. Wilder verzichtet ganz auf Kommentierungen eines Erzählers (im Gegensatz zu "The Bridge of San Luis Rey"), das Buch besteht „nur" aus fiktiven Briefen, Tagebucheintragungen, usw. Caesars und seiner Zeitgenossen.

Wie in einem Mosaik, das sich aus vielen verschiedenen Steinchen zusammensetzt, erfaßt der Leser Persönlichkeit und Charakter Caesar's.
Wilder's Caesar – der nicht unbedingt mit dem historischen Caesar gleichzusetzen ist[1)] – ist ein ehrgeiziger Mensch, auf dem Höhepunkt seines Lebens und seiner Macht angelangt, der alles erreicht hat, was er sich vorgenommen hatte, und der trotzdem nicht glücklich ist. Er spürt die ungeheure Verantwortung, die auf ihm lastet, er ist allein und sehnt sich nach Freundschaft und Liebe. („Ich bin es gewohnt, gehaßt zu werden. Schon in früher Jugend entdeckte ich, daß ich der Zustimmung anderer, auch der besten nicht bedarf um mich in meinen Handlungen bestärkt zu fühlen." Caesar in seinem Tagebuchbrief an L. M. Turrinus, Dok. VIII.)
Am Ende erkennt Caesar: „Das Leben hat keinen Sinn außer dem, den wir ihm geben."

1967 "The Eigth Day" („Der achte Schöpfungstag")

Nach "The Bridge Of San Luis Rey" und "Our Town" erhält Wilder nun für seinen siebten Roman zum dritten Mal den Pulitzer-Preis. Außerdem wird "The Eigth Day" mit dem "National

Book Award" als bester Roman des Jahres 1967 ausgezeichnet. Auch hier steht wieder die uralte Frage nach dem Sinn von Leben und Tod im Vordergrund. In einer Kleinstadt ist ein Mord geschehen, und ein Unschuldiger wird schließlich verurteilt. Erzählt wird die Geschichte der Familie des Opfers und des vermeintlichen Mörders – die miteinander befreundet sind –, durch mehrere Generationen. Am Schluß des Buches klärt sich der Fall – zumindest für den Leser – auf.

Wieder werden Geschehnisse, die gleichzeitig ablaufen, in Kapiteln nacheinander und aus jeweils anderer Perspektive erzählt (s. a. "The Bridge Of San Luis Rey" und „The Ides Of March"). Ja, Wilder scheint sie wirr durcheinander zu würfeln. Erst nach der Lektüre des gesamten Buches ergibt sich für den Leser ein Bild der tatsächlichen Ereignisse und Hintergründe. Diese Struktur, die an ein Mosaik denken läßt, erinnert an den Aufbau von „The Ides Of March".

1973 "Theophilus North" („Theophilus North oder Ein Heiliger wider Willen")

Dieser letzte Roman Wilder's weist autobiographische Züge auf. Anders als in „Heaven's My Destiny", dessen Thematik ähnlich ist, wird hier keine Entwicklung geschildert. Theophilus North ist schon zu Beginn ein ausgereifter Charakter, der sich weitgehend nicht mehr verändert.

Auch in diesem Roman steht die Frage nach dem Sinn des Lebens im Vordergrund. Die Antwort des Erzählers ist ein humanistisches Glaubensbekenntnis, das sich in Leben und Werk des Theophilus North widerspiegelt, dem idealen Menschen.

Im Amerika der späten Zwanziger Jahre (vor der Depression) hängt der junge Theophilus North seinen Träumen nach und versucht, einen nach dem anderen Wirklichkeit werden zu lassen. Er will Heiliger werden, dann Anthropologe, Archäologe, Detektiv, Schauspieler, Zauberer, Liebhaber, Schurke, schließlich einfach Mensch. Auf wunderbare Weise führt North schon durch seine bloße Anwesenheit alles zum Guten.

Wilder zeichnet in seinem letzten Werk einen schönen Traum.[1)]

3. Thornton Wilder's Bedeutung für die Literatur des modernen Amerika und darüberhinaus

Thornton Wilder gehört ohne Zweifel neben Ernest Hemingway, John Steinbeck, Sinclair Lewis, F. Scott Fitzgerald und anderen, zu den bedeutendsten amerikanischen Schriftstellern dieses Jahrhunderts. Seine Werke zählen zu den modernen Klassikern; und zumindest "The Bridge Of San Luis Rey" und das – seinerzeit Theatergeschichte machende - Drama "Our Town" sind in die Weltliteratur eingegangen.

Wilder's literarisches Werk ist von einem grundlegenden und nicht zu erschütternden Optimismus getragen, dem Glauben an das Gute im Menschen. Trotz allem, so möchte man sagen, denn Thornton Wilder verschließt sich keinesfalls der Realität; immer wieder bricht die Außenwelt brutal in das Leben seiner Protagonisten ein. Das muß George Marvin Brush in "Heaven's My Destiny" erfahren, aber auch Wilder's Caesar in "The Ides of March" entgeht seinem Schicksal nicht, genau so wenig wie Bruder Juniper dem Tod auf dem Scheiterhaufen ("The Bridge of San Luis Rey").

Und doch sind Wilder's Werke nie ganz tragisch; Hoffnung bleibt auch noch am Schluß, und der Glaube, daß das Gute im Menschen schließlich die Oberhand gewinnen wird, der alte "American Dream". Ganz deutlich wird dies auch in Thornton Wilder's letztem Roman "Theophilus North". Hier werden die Grenzen der Realität verlassen, die böse, feindliche Umwelt ist relativiert worden, der Held kann Wunder wirken. Sonst sind Wilder's Werke streng realistisch, seinen Helden wird nichts erspart.

Was das Werk von Thornton Wilder bleibend macht, sind zum einen

---

1) Bemerkenswert ist noch, daß Thornton Wilder (wie auch Max Frisch in „Stiller") das alte amerikanische Märchen von Rip van Winkle – das in literarischer Form schon in Washington Irving's „Skizzenbuch" (1819/20) auftaucht – neu interpretiert.

klassische Inhalte, wie elementare Fragen des menschlichen Lebens oder der Glaube an das Gute im Menschen.

Leben ist nie sinnlos, so lautet Wilder's Botschaft, auch wenn es mitunter diesen Anschein haben mag. Ziel des Menschen sollte sein, seinen persönlichen und für sich gültigen Sinn des Lebens zu finden.

Menschen sind verschieden – und kommen zu verschiedenen Antworten. So erkennt Wilder's Caesar in "The Ides of March": „Das Leben hat keinen Sinn, außer dem, den wir ihm geben". Die Äbtissin Madre Maria Del Pilar[1] dagegen erkennt nach vielen Enttäuschungen die Liebe als Sinn und Zweck ihres Lebens („Nicht einmal eines Erinnerns bedarf die Liebe. Da ist ein Land der Lebenden und ein Land der Toten, und die Brücke zwischen ihnen ist die Liebe – das einzige Bleibende, der einzige Sinn"). Die Liebe als Sinn – in den Worten der Madre Maria Del Pilar schimmert die Weltsicht des Humanisten Thornton Wilder durch. So läßt er auch im gleichen Buch seinen Erzähler über Literatur sagen: „. . ., was der eigentliche Sinn der Literatur ist: die Notation des Herzens." Der gute Mensch, so wie Wilder ihn sich vorstellt, hat viel von seiner Umwelt zu erleiden, sei es in der Antike oder im Peru des 18. Jahrhunderts oder im Amerika der Zwanziger und Dreißiger Jahre. Der Humanismus Wilder's ist von dem tiefen Optimismus geprägt, daß letztendlich all die verzweifelten und oft fehlgeschlagenen Bemühungen guter Menschen nicht vergeblich gewesen sind, mögen sie nun Madre Maria Del Pilar heißen oder George Marvin Brush oder Theophilus North oder wie auch immer.

Aber nicht nur Inhalte und Figuren von Wilder's Werk sind klassisch, auch die Form, der Stil ist es. Mit Hemingway, Steinbeck und anderen, hat er die Klarheit der Sprache gemeinsam, so gehen Form und Gehalt eine ideale Verbindung ein.

Thornton Wilder's Glaube an das Gute im Menschen, an einen Sinn des Lebens, hat uns auch heute – und vielleicht gerade heute – viel zu sagen.

---

1) S. 141

II. Erläuterungen zur literarischen Gattung Epik

1. Der moderne amerikanische Roman

1.1 Einige Aspekte: E. Hemingway über seine Arbeit und den zeitgenössischen Roman

In den folgenden Passagen[1] berichtet Ernest Hemingway von seiner Technik beim Schreiben, aber auch von seinen Zielen und Absichten.

„... Aufhören, wenn es gerade gutgeht und Sie das Nächste, was jetzt passiert, genau wissen. Und dann denken Sie nicht mehr daran und machen Sie sich keine Sorgen, bis Sie am nächsten Tag weitermachen. Auf diese Weise ist Ihr Unterbewußtsein die ganze Zeit im Gang. Aber wenn Sie dran denken und grübeln, machen Sie alles kaputt, und Sie sind fertig im Kopf, ehe Sie anfangen. Wenn Sie erst drin sind in einem Roman ist es genauso feige, sich darüber Sorgen zu machen, ob es am nächsten Tag weitergehen wird, wie wenn Sie sich vor einem Gefecht fürchten, vor dem Sie sich nicht drücken können. Sie müssen weiter. Es hat keinen Zweck, sich Sorgen zu machen. Sie müssen das lernen: einen Roman schreiben. Das Schlimmste kommt erst, wenn Sie das Ende finden müssen ..."

Schreiben wird hier als Tätigkeit verstanden, die bis zu einem gewissen Grad erlernbar ist; man kann lernen, einen Roman zu schreiben.

„... Hören Sie zu: Es hat keinen Sinn etwas zu schreiben, was vor Ihnen schon geschrieben worden ist, wenn Sie es nicht besser machen können. Heutzutage muß ein Schriftsteller schreiben, was noch nie geschrieben worden ist, oder er muß schlagen, was die Toten gemacht haben. Nur in der Konkurrenz mit den Toten kann er herauskriegen,

---

1) E. Hemingway. Monolog an den Maestro gerichtet. Ein Brief von hoher See. Esquire, Oktober 1935. zitiert nach: Schnabel, E. (hrsg.) Ernest Hemingway, 49 Depeschen. Ausgewählte Zeitungsberichte und Reportagen aus den Jahren 1920 – 1956., Hamburg (Rowohlt), 1972.

was er taugt. Die meisten lebenden Schriftsteller zählen nicht. Sie sind von den Kritikern berühmt gemacht worden, die jede Saison ein neues Genie brauchen, jemanden, den sie wirklich verstehen und wo es nichts ausmacht, wenn sie ihn in den Himmel heben. Wenn diese künstlichen Genies tot sind, sind sie alle nicht mehr da. Die einzigen Leute mit denen ein Schriftsteller konkurrieren kann, sind die toten Schriftsteller, von denen man weiß, daß sie gut sind. Es ist wie beim Langstreckenlauf, nur daß der Läufer nicht einen Gegner schlagen will – er kämpft gegen die Uhr. Wenn es ihm nicht um die Zeit geht, wird er nie erfahren, was er ereichen kann."

Diese Ansichten Hemingway's mögen nicht exemplarisch für die Überzeugungen seiner großen Kollegen sein („Die meisten lebenden Schriftsteller zählen nicht."). Aber die Gedanken des literarischen Einzelgängers Hemingway, der seine Arbeit mit einem Langstreckenlauf vergleicht, zeigen doch die gleiche Vitalität und Kraft, die den klassischen Meisterwerken amerikanischer Literatur gemeinsam ist.

Ein weiteres Zitat mag das Selbstverständnis des Schriftstellers Hemingway verdeutlichen:

„... Wir sind Schriftsteller, und wir sollten schreiben. Alles, was Du wirklich brauchtest, war Disziplin an Deiner Arbeit. Natürlich bist Du ein sonderbarer Kauz, aber Du bist es nicht mehr als Joyce; fast jeder gute Schriftsteller ist es. Du schreibst heute zweimal so gut als zu einer Zeit, da Du Dich für großartig hieltst... Alles, was Dir not tut, ist, wirklich zu schreiben und Dich nicht darum zu kümmern, was das Schicksal Deiner Arbeit sein wird..." (Hemingway in einem Brief an F. Scott Fitzgerald[1])

Weitgehend exemplarisch für die moderne amerikanische Literatur ist Hemingway's realistischer, nüchterner Stil, wenn er auch bei wenig anderen so konsequent ausgeprägt ist. Den Höhepunkt erreicht diese

---

1) Zitiert nach: F. Scott Fitzgerald. Wiedersehen mit Babylon, Erzählungen aus dem verlorenen Jahrzehnt 1930 – 1940. Zürich (Diogenes), 1980.

beinah archaische, und dabei doch poetische Schreibweise wohl in "The Old Man And The Sea". Die Ursprünge liegen in Hemingway's Journalistenausbildung:

„Ernest Hemingway beherzigte als junger Journalist beim 'Kansas City Star' von den '110 Stilregeln', die für die Redaktion aufgestellt worden waren, besonders die erste und die 21..: 'Bilden Sie kurze Sätze. Machen Sie Einleitungen kurz. Verwenden Sie ein kraftvolles Englisch. Seien Sie bejahend, nicht negativ. Vermeiden Sie den Gebrauch von Adjektiven, vor allem von solchen, die so überspannt sind wie splendid, gorgeous, grand, magnificent'... (Mitgeteilt von C. A. Astre) [1)]".

1.2 Kriterien literarischer Wertung in Amerika/"New Criticism"

- In den USA gab es nie eine allein dominierende Dichtungs-Theorie. Die Kritik ist deshalb unbelastet, auch ahistorisch.
- Der "New Criticism" analysiert die Texte genau, unter Berücksichtigung solcher Faktoren wie:
  - a. Komplexität, Dichte des Erzählten,
  - b. Multivalenz,
  - c. Paradoxe und ironische Sprache, („Ironie = Erkenntnis von Inkongruenzen", C. Brooks)
  - d. Spannung, („Dynamischer, inorganischer, binatorischer Prozeß", A. Tate)
  - e. Strukturmerkmale: „Texture", „Structure"
- Die bedeutendsten Vertreter:
  Allan Tate, John C. Ransom, William K. Winsatt, Cleanth Brooks,

2. Literatur nach dem 2. Weltkrieg/Ist der traditionelle Roman tot?

2.1 Georg Lukács, „Erzählen oder beschreiben?"

Neue Stile, neue Darstellungsweisen der Wirklichkeit entstehen nie

---

1) Zitiert nach: Wilhelm, Gertraude. Die Literatur-Nobel-Preisträger, Ein Panorama der Weltliteratur im 20. Jahrhundert., Düsseldorf (Econ), 1983.

aus einer immanenten Dialektik der künstlerischen Formen, wenn sie auch stets an die vergangenen Formen und Stile anknüpfen. Jeder neue Stil entsteht mit gesellschaftlich-geschichtlicher Notwendigkeit aus dem Leben, ist das notwendige Ergebnis der gesellschaftlichen Entwicklung. Aber die Erkenntnis dieser Notwendigkeit, der Notwendigkeit der Entstehung der künstlerischen Stile macht diese Stile künstlerisch noch lange nicht gleichwertig oder gleichrangig. Die Notwendigkeit kann auch eine Notwendigkeit zum künstlerisch Falschen, Verzerrten und Schlechten sein. (...)

Die Beschreibung (...) als herrschende Methode der epischen Gestaltung, entsteht in einer Periode, in der aus gesellschaftlichen Gründen der Sinn für das Wichtigste am epischen Aufbau verlorengeht. Die Beschreibung ist ein schriftstellerischer Ersatz für die verlorengegangene epische Bedeutsamkeit.

(...)

Die Nivellierung, die durch die Beschreibung entsteht, macht in solchen Romanen alles episodisch. Viele modernen Schriftsteller blicken hochmütig auf die veralteten und komplizierten Methoden herab, mit denen die alten Romanschriftsteller ihre Handlungen in Gang gebracht, mit denen sie die kampfvolle und verschlungene Wechselwirkung zwischen ihren Menschen, die epische Komposition hergestellt haben. Sinclair Lewis vergleicht von diesem Standpunkt aus die epische Kompositionsweise von Dickens und Dos Passos. „Und die klassische Methode – o ja, sie war sehr mühsam aufgetakelt! Durch ein unglückliches Zusammentreffen mußte Mister Johnes zugleich mit Mister Smith in einer Postkutsche befördert werden, damit etwas recht Peinliches und Unterhaltsames passieren konnte. In 'Manhattan Transfer' laufen die Personen einander entweder gar nicht über den Weg, oder es geschieht auf die natürlichste Weise." Die „natürlichste Weise" ist eben, daß die Menschen miteinander in gar keine oder höchstens flüchtige und oberflächliche Beziehungen geraten, daß sie plötzlich auftauchen und ebenso plötzlich verschwinden, daß ihr persönliches Schicksal – da wir sie gar nicht kennen – uns gar nicht interessiert, daß sie an keiner Handlung beteiligt sind, sondern durch die beschriebene gegenständliche Welt des Romans in verschiedenen Stimmungen hindurchspazieren. Das ist sicher sehr „natürlich". Es ist nur die Frage, was dabei für die Kunst der Erzählung herauskommt.[1]

2.2 Bertolt Brecht, „Über Realismus"

[...] Verkündet nicht mit der Miene der Unfehlbarkeit die alleinseligmachende Art, ein Zimmer zu beschreiben, exkommuniziert nicht die Montage, setzt nicht den inneren Monolog auf den Index! Erschlagt die jungen Leute nicht mit den alten Namen! Laßt nicht bis 1900 eine Entwicklung der Technik in der Kunst zu und ab da nicht mehr! Wie ist es mit diesem Balzac, zweifellos einem großen Schriftsteller und ziemlichen Realisten? „Père Goriot" hat eine große Fabel, im Gegensatz zu Flauberts „Education Sentimentale", einem ebenfalls realistischen Werk von Bedeutung, aber andere Werke Balzacs haben schwächere, weniger im Gedächtnis bleibende, weniger fabelartige Fabeln. „Peau de Chagrin" ist symbolisch, die Schreibweise dieses Schriftstellers wechselt beständig, und Taine findet, bei größter Bewunderung, daß er überhaupt nicht schreiben konnte, unverzeihlicherweise für einen Franzosen! Unter anderem montiert er dauernd Dutzende Seiten geschlossener Abhandlungen über Themen ein, die „mit der Sache gar nichts zu tun haben"! Er ist ein Realist, er arbeitet mit allen Mitteln, um an die Realität heranzukommen. Und zugleich, nicht zu vergessen, zwingt ihn die literarische Konkurrenz zu erstaunlichen Abweichungen romantischer Art und anderer Art. Haltet euch an Balzac, das ist ein Rat wie: Haltet euch an das Meer!

Solange wir keine wissenschaftlich fundierte Definition des Realismus haben, ist es vielleicht besser, das heißt praktischer, das heißt realistisches Schreiben fördernder, von Realisten zu sprechen und ihren Me-

---

1) Georg Lukács: Erzählen oder beschreiben? In: Georg Lukács: Essays über Realismus. Probleme des Realismus I.
Neuwied (Luchterhand) 1971, S. 205 f., 213, 220 f. (gekürzt)

thoden, vermittels getreuer Abbildungen der Wirklichkeit die Wirklichkeit zu beeinflussen. Wir werden dann nicht so sehr darauf aus sein, die Zahl und Art dieser Methoden einzuschränken, als vielmehr darauf, sie zu erweitern. Wir werden so die Erfindung ermuntern, statt sie zu entmutigen. Wir werden auf die Wahrheit einen Preis setzen und jede Ellenbogenfreiheit gewähren, dazu zu gelangen. Kurz, wir werden als Realisten handeln.[2]

(...)

2.3 Dieter Wellershoff, „Für einen neuen Realismus"

Statt einer normativen Ästhetik gibt es heute die Dauerreflexion der Schriftsteller über das Schreiben. Nicht abgestützt durch verbindliche Werke und Schreibmuster und durch eine allgemeingültige Weltsicht, auf die sie sich beziehen könnten, entwickeln sie, ausdrücklich oder unausdrücklich, Arbeitshypothesen, Theorieansätze, ein schärferes methodisches Bewußtsein anstelle unbewußt wirksamer Selbstverständlichkeiten. Das Schreiben bleibt trotzdem angewiesen auf Spontaneität, falls es nicht einfach Texte herstellt, die sich programmieren lassen; in diesem Fall ist es von seiner Methode total definiert und entwickelt sie nur, das Ergebnis steckt dann schon im Kalkül.

Das ist nicht meine Sache. (...)

Gelegentlich habe ich, um die Richtung meiner Interessen ungefähr zu bezeichnen, das Wort „Neuer Realismus" gebraucht. Ich wollte damit auf Tendenzen hinweisen, die ich in den verschiedensten Formen auch bei anderen Schriftstellern zu sehen glaubte; es war die beiläufige, improvisierende Benennung einer Perspektive, aber Gewohnheit und Widerspruch haben den Begriff dingfest gemacht. (...)

Realismus ist für mich die Gegentendenz, nämlich der immer neue

---

2) Bertolt Brecht: Praktisches zur Expressionismusdebatte:
In: Bertolt Brecht: Gesammelte Werke, Band 19.
Frankfurt (Suhrkamp) 1967, S. 294 f. (gekürzt)

Versuch, etablierte Begriffe und Ordnungsgestalten aufzulösen, um neue, bisher verbannte Erfahrungen zu ermöglichen, das Gegenteil also einer Wiederholung und Bestätigung des Bekannten. Die Modelle, mythischen Muster, an die auch ihr ironisches Zitat und die Persiflage gefesselt bleiben, werden in realistischer Schreibweise entweder verlassen oder durch Konkretheit von innen her überwachsen. Neue Aufmerksamkeitsgrade und -richtungen werden entwickelt für das, was bisher unbewußt war oder gesperrt wurde mit Tabuworten wie banal, privat, pathologisch, aber vor allem auch für das nur scheinbar Bekannte, das unter diesem Schein sich verflüchtigt hat. Denn das ist die grundsätzliche veränderte Situation: anstelle des übermächtigen Druckes einer fremden bedrohlichen Wirklichkeit, gegen die die distanzierende Kraft der Stilisierung aufgeboten wurde, ist ein Wirklichkeitsschwund getreten, ein Gefühl, alles sei bekannt, verfügbar und konsumierbar, alles zugänglich als Formel, Mode, Meinung, Information. Unter Routine und schablonenhafter Informiertheit verschwindet die Realität, wird formal und abstrakt. (...)

Realistisch dagegen wäre eine bewegte, subjektive Optik, die durch Zeitdehnung und Zeitraffung und den Wechsel zwischen Totale und Detail, Nähe und Ferne, Schärfe und Verschwommenheit des Blickfeldes, Bewegung und Stillstand, langer und kurzer Einstellung und den Wechsel von Innen- und Außenwelt die konventionelle Ansicht eines bekannten Vorgangs und einer bekannten Situation so auflöst und verändert, daß eine neue Erfahrung entsteht. Die subjektive Blickführung, verwandt den Kamerabewegungen des Films, demontiert die konventionellen Sinneinheiten, zerlegt und verzerrt sie, isoliert Einzelheiten, macht sie auffällig, zeigt das Fremde, Ungesehene im scheinbar Bekannten und fügt neue ungewöhnliche Komplexe zusammen.[3)]

---

3) Dieter Wellershoff: Wiederherstellung der Fremdheit (1969). In: Positionen des Erzählens. Analysen und Theorien zur Literatur der Bundesrepublik. Hrsg.: Ludwig Arnold und Theo Buck.
München (Beck) 1976, S. 188 – 191 (gekürzt).

1) 2) 3) (die vorstehenden drei Texte entstammen dem Band „Verstehen und Gestalten 8", R. Oldenbourg Verlag, München, 1982.)

III. Erläuterungen zu Thornton Wilder's "The Bridge of San Luis Rey"

1. Allgemeines

"The Bridge of San Luis Rey" erschien im Oktober 1927 und wurde mit dem Pulitzer-Preis ausgezeichnet.[1)]

Im Jahre 1941 wurde es zum ersten Mal in der Reihe „Penuin Books" herausgegeben, schon im selben Jahr erfolgten Neuauflagen. Die deutsche Taschenbuchausgabe[2)] trägt die Nummer 1. Mittlerweile ist auch die deutsche Ausgabe mehrere hunderttausend Mal aufgelegt worden.

Zur Einführung möge hier die kurze Einleitung zur Penguin-Ausgabe von 1954 stehen:

„On July the twentieth, 1714, the finest bridge in all Peru broke and precipitated five travellers into the gulf below. This is an account of those who were killed, of their past lives and of the kind of people they were. It takes the form of an enquiry similar to that made by Brother Juniper, a spectator of the catastrophe, many years ago. For Brother Juniper was anxious to know why such an event should have happened to those particular people. Surely, he argued, if there were any plan in the universe at all, if there were any pattern in human life, it could be discovered mysteriously latent in those lives so suddenly cut off.

Thornton Wilder's beautiful, closely written descriptions of the unhappy Marquesa De Montemayor, the orphans Pepita and Esteban, the remarkable Uncle Pio, and Don Jaime have been accepted as a classic of modern fiction."

---

1) Rezensionen sind unter IV. 1. aufgelistet
2) Fischer Taschenbuch Verlag

Thornton Wilder hat das Buch seiner Mutter gewidmet. Beinahe alle Romane Wilder's sind Familienangehörigen oder guten Freunden zugeeignet.[1]

Die zitierte deutsche Ausgabe weicht in mindestens zwei – nicht unwichtigen – Einzelheiten vom Original ab: In der englischsprachigen Ausgabe heißen die drei mittleren Teile: "Part Two, The Maquesa De Montemayor; Pepita/Part Three, Esteban/Part Four, Uncle Pio; Don Jaime", in der deutschen Übersetzung sind die Namen Pepita und Don Jaime hier weggelassen. Nicht umsonst stellt Wilder aber dem Leser fünf Opfer der Katastrophe vor; auch der Tod von – auf den ersten Blick vielleicht – so unbedeutenden Personen, wie Pepita und Don Jaime hat weitreichende Auswirkungen auf das Leben der Überlebenden.[2]

Der ganze Roman ist auf diese fünf Personen hin angelegt, und auf die vielgestaltigen Verknüpfungen mit ihrer Umwelt (und Nachwelt). Wohl nicht zufällig erinnert diese Fünfzahl der Opfer – wie die Fünfteilung des Buches – an die Struktur des klassischen Dramas.[3]

Eine weitere Unterlassung wiegt aber meines Erachtens noch schwerer und kann beim Leser zu Falschannahmen führen. Im letzten Teil der deutschen Ausgabe wurde ein Absatz weggelassen. Es handelt sich um den notwendigen Absatz zwischen den zwei Erzählebenen, der Rahmenerzählung von Bruder Juniper einerseits[4], und der unmittelbaren Zeit nach dem Unglück andererseits.[5]

Der Leser kann so – ohne den notwendigen Absatz – den falschen Eindruck gewinnen, hier würde ein Trauergottesdienst für den von der Inquisition hingerichteten Bruder Juniper abgehalten. Das Verständnis der Reaktionen der Betroffenen – und letztlich das Verständnis des Romans überhaupt – kann so gefährdet sein.

---

1) so z. B. "The Eighth Day" seiner Schwester Isabel Wilder
2) vor allem auf Perichole und Madre Maria Del Pilar! (s. dazu auch: III. 4.7., III. 4.5., und III.6.)
3) s. a. III. 3.1.
4) die zeitlich viel später als die eigentliche Handlung anzusetzen ist
5) (der Trauergottesdienst für die Opfer des Brückeneinsturzes von San Luis Rey)

Vielleicht läßt sich dieser wichtige Absatz, der in der Penguin-Ausgabe von 1954 mit einem Sternchen gekennzeichnet ist, in einer der nächsten deutschen Ausgaben einfügen.[1]

2. Gang der Handlung

Das Buch ist in fünf Teile unterteilt.

Part One

Perhaps An Accident („Vielleicht eine Fügung")

"The Bridge of San Luis Rey" beginnt mit der lapidaren Feststellung: „Freitag, den 2. Juli 1714, um die Mittagsstunde, riß die schönste Brücke in ganz Peru und stürzte fünf Reisende in den Tod.", die stilistisch an eine Pressenachricht erinnert. Erzählt wird nun kurz die Geschichte der Brücke, die dem heiligen Ludwig IX., König von Frankreich, San Luis Rey, geweiht war.[2] Dann wird von den Reaktionen auf dieses Unglück berichtet; aber nur eine steht vorerst im Mittelpunkt der Handlung, die des Franziskanerbruders Juniper.

Dieses Ereignis läßt Juniper nicht mehr los, es soll sein Leben verändern, immer wieder taucht die Frage nach dem Sinn auf. „Warum geschah das just diesen fünfen?"[3] Diese Frage ist für Bruder Juniper wichtig wie keine andere, mit ihr steht und fällt sein Glaube an einen allmächtigen, allwissenden und gerechten Gott („Entweder leben wir durch Zufall und sterben durch Zufall oder wir leben nach einem Plan und sterben nach einem Plan."[4]).

Juniper faßt den Entschluß, die geheime Lebensgeschichte der fünf Unfallopfer zu erforschen, um einen möglichen Sinn für ihren plötzlichen Tod zu finden. Die Theologie soll so zu einer exakten Wissenschaft werden, die sich der gleichen Mittel bedient wie die Naturwissenschaften. Ihre Glaubensinhalte sollen logisch bewiesen werden –

---

1) Zum Aufbau des Werkes s. unter III. 3.1.
2) s. a. III. 3.2.2.
3) S. 11
4) ebenda

das ist Bruder Junipers Ziel, und die Arbeit daran soll sein Lebenswerk werden.

Der erste Teil des Romans läßt sich als Einleitung bezeichnen (er umfaßt auch nur sechs Seiten), die folgenden drei Teile erzählen vom Leben der Opfer, der Fünfte und Letzte schließlich berichtet von den Ereignissen nach dem Unglück und den Reaktionen auf Bruder Junipers Untersuchung.

Part Two

The Marquesa De Montemayor; Pepita („Die Marquesa De Montemayor") [1]

Im zweiten Teil des Buches wird das Leben der Marquesa De Montemayor erzählt, die zusammen mit ihrer Gesellschafterin Pepita unter den Opfern des Unglücks ist. Der Erzähler ist allwissend und keinesfalls mit Bruder Juniper identisch, wie man vielleicht annehmen könnte.[2] Das Leben einer Frau wird beschrieben, die sich durch nichts Besonderes auszeichnet, außer der Liebe zu ihrer Tochter, einer übersteigerten abgöttischen Liebe. Die Marquesa De Montemayor hatte keine glückliche Kindheit und mußte später einen ungeliebten Mann heiraten. So wandte sich dann ihre ganze Liebe der einzigen Tochter zu.

Dona Clara, die Tochter, aber scheint ihre Mutter zu verachten; sie erkennt, daß deren Liebe im Grunde egoistisch ist, daß die Marquesa in Wahrheit nur sich selbst liebt und ihre Tochter an sich binden will. Es gibt viel Streit zwischen Mutter und Tochter. Endlich heiratet Dona Clara, absichtlich, wie es scheint, einen Spanier, um möglichst weit von der Mutter fortzukommen. Die Marquesa, einsam und allein (ihr Mann ist schon lange tot), verfällt immer mehr und wird zum Gespött der

---

1) Zu den Unterschieden der Zwischentitel s. III. 1.
2) „Jeder Schuljunge in Spanien muß heute mehr über Dona Maria, Marquesa De Montemayor, wissen, als Bruder Juniper in Jahren des Forschens entdecken sollte.", S. 17

Leute. Ihr einziger Lebensinhalt sind die Briefe an ihre geliebte Tochter im fernen Spanien.

Hundert Jahre später gehören diese – natürlich fiktiven Briefe –, so der Erzähler, zu den Meisterwerken der spanischen Literatur (Die Marquesa De Montemayor als einer Art spanische Madame De Sevigné).

Der Erzähler führt als Beispiel für diese Kunstwerke den Brief XXII an, die Antworten der Tochter sind jeweils eingewoben, es zeigt sich hier die abgöttische Liebe, die Sorge der Marquesa um ihre Tochter, aber auch erste Anzeichen geistiger Verwirrung.

Die Marquesa verfällt weiter, sie achtet nicht mehr auf ihre Kleidung, führt in ihrer Einsamkeit Selbstgespräche, und ganz Lima lacht heimlich über sie.

Eines Tages wird die Marquesa bei einer Theatervorstellung durch improvisierte Gesänge der Schauspieler verspottet, ohne daß sie selbst es merkt. Der Vizekönig aber duldet keine Verspottungen des Adels, und er läßt die Schuldigen bestrafen. Die Schauspielerin Perichole, die sich bei den Beschimpfungen besonders hervorgetan hat, muß sich – auch wenn sie die Geliebte des Vizekönigs ist – bei der Marquesa De Montemayor entschuldigen. Doch das Gespräch der beiden Frauen verläuft unerwartet, die Marquesa ist betrunken (in letzter Zeit greift sie in ihrer Suche nach Trost zum Alkohol), sie spricht nur von ihrer Tochter und der eigenen Unwürdigkeit. Perichole verläßt die von Weinkrämpfen geschüttelte Marquesa in großer Bestürzung.[1)]

Der Erzähler wendet sich nun für einen Moment von der Marquesa De Montemayor ab und stellt dem Leser ihre Gesellschafterin Pepita vor, die wie ihre Herrin später beim Einsturz der Brücke von San Luis Rey ums Leben kommen wird.

Pepita ist ein einfaches Mädchen, das ihrer Herrschaft treu ergeben ist. Sie wurde der Marquesa von der Äbtissin Madre Maria Del Pilar empfohlen, einer der bedeutendsten Frauen ihrer Zeit, die im ganzen Buch eine wichtige Rolle spielt. Die Äbtissin setzt sich mit aller Kraft für

---

1) s. a. III. 4.7.

die Armen und Entrechteten ein, und wird deshalb von den Herrschenden und auch dem Erzbischof von Lima nicht gerne gesehen.[1]

Madre Maria Del Pilar hat Pepita im geheimen zur Fortführung ihres caritativen Werkes vorgesehen; der befristete Dienst bei der Marquesa soll sie zur Demut erziehen und ihr Einblicke in das weltliche Leben verschaffen (Pepita war als Waisenkind im Kloster der Äbtissin aufgewachsen).

Eines Tages erfährt die Marquesa De Montemayor, daß ihre Tochter in Spanien ein Kind erwartet. Sofort entwickelt sie eine hektische Betriebsamkeit, sie sammelt überall weise Ratschläge und Regeln des Aberglaubens, die sich auf Geburt und Kinderpflege beziehen, und schreibt sie ihrer Tochter.

Um für eine gute Geburt des Kindes zu beten, unternimmt die Marquesa schließlich mit Pepita eine Wallfahrt zum Schrein der Heiligen Jungfrau von Cluxambuqua.

Hier, in dem entlegenen Wallfahrtsort, verändert sie sich vollständig.

Ein Brief Pepitas an die Äbtissin, den die Marquesa zufällig liest, zwingt sie zum Nachdenken. Pepita hatte sich über ihr schwieriges Leben mit ihrer Herrin beklagt. Die Marquesa ist ernüchtert, sie beginnt über ihr bisheriges Leben nachzudenken. Sie erkennt Pepita als ihre wahre und einzige Freundin und bereut ihre Herzlosigkeit ihr gegenüber. An diesem Abend ist sie sehr freundlich zu ihr, und Pepita zerreißt glücklich den Brief an die Äbtissin.

Auch die Marquesa ist nun glücklich: „Morgen will ich ein neues Leben beginnen."[2] Ihr Herz strömt über, und sie schreibt den später berühmten Brief LVI an ihre Tochter. In jener Nacht gewinnt die Marquesa den Glauben an Gott wieder, der ihr lange Zeit nichts bedeutet hatte, „Laß mich nun leben, laß mich von neuem beginnen!"[3]

---

1) Der Erzbischof „rechnete das Aufhören ihrer Besuche zu den Entschädigungen fürs Sterbenmüssen." (S. 38); zum Erzbischof s. a. III. 4.11.2.
2) S. 50
3) S. 51

Zwei Tage später verläßt sie mit Pepita den Wallfahrtsort, um nach Lima zurückzukehren, „und als sie über die Brücke von San Luis Rey kamen, befiel sie das Geschick von welchem wir wissen.“[1]

Part Three

Esteban

Das dritte Opfer der Katastrophe ist Esteban, ein schweigsamer junger Mann.
Esteban und sein Zwillingsbruder Manuel waren Findelkinder, sie wuchsen im Kloster unter der Obhut der Äbtissin Madre Maria Del Pilar auf. Die beiden entwickelten sich zu verschlossenen und scheuen jungen Männern; sie wurden Schreiber und verdienen von nun an ihren Lebensunterhalt mit Abschreiben von Urkunden. Ihre Ähnlichkeit wird immer wieder belächelt und auch ihre Geheimsprache, die sie als Kinder entwickelt hatten und untereinander benutzen.[2]
Eines Tages haben die beiden Brüder genug vom Schreiben, sie wollen Abenteuer erleben und ziehen in die Welt hinaus. Von nun an arbeiten sie als Fuhrleute und Ruderknechte und kommen so im ganzen Land herum. Ihr Inneres aber öffnen Manuel und Esteban nicht, nach wie vor bleiben sie anderen Menschen gegenüber verschlossen. „Die ganze Welt war fremd und feindlich, mit Ausnahme des Bruders.“[3]

Wieder zurück in der Hauptstadt verliebt Manuel sich in die Schauspielerin Perichole. Nie zuvor hatte einer der beiden Brüder romantische Gefühle für eine Frau gehegt, und die Liebe beginnt Manuel zu verändern. Esteban aber kann seinen Bruder nicht verstehen, er ist traurig und hat Angst, die Liebe des Bruders zu verlieren.

Perichole, die offenbar nichts von Manuels Gefühlen für sie ahnt, läßt ihn mehrmals Briefe für sich schreiben. Eines Abends diktiert sie ihm

---

1) ebenda
2) Sogar der Erzbischof hatte sich für diese Geheimsprache der beiden Brüder interessiert; vgl. a. III. 4.11.2.
3) S. 58

gleich zwei streng Vertrauliche, nachdem sie ihn vorher hatte schwören lassen, darüber Stillschweigen zu bewahren. Die Briefe richten sich an ihre Liebhaber; der erste ist für den Vizekönig, der zweite offenbar für einen Stierkämpfer. Mit keinem Wort wird erwähnt, was in dem liebenden Manuel vorgehen muß.

In den folgenden Monaten schreibt Manuel noch oft Briefe für Perichole. Eines Nachts besucht sie die Brüder in ihrem Zimmer; sie ist sehr aufgeregt und besteht darauf, sofort einen Brief zu diktieren. Um den schlafenden Esteban nicht aufzuwecken, flüstert Perichole Manuel die Worte ins Ohr, und Esteban verkennt im Aufwachen die Situation, er meint ein Liebespaar vor sich zu haben. Nachdem Perichole dann gegangen ist, bleibt Manuel unruhig zurück, es drängt ihn, ihr nachzulaufen, ihr seine Liebe zu gestehen und mit ihr weit fortzugehen. Dann aber erkennt er, was sein Bruder fühlen muß, und die Zuneigung zu ihm ist stärker, „und sogleich, mit einem einzigen Griff, riß er sich, ohne zu zögern, die Perichole aus dem Herzen."[1)]

Am anderen Tag kommt es zu einer Auseinandersetzung zwischen den beiden Brüdern; Manuel bestreitet von nun an, die Schauspielerin zu lieben. Er sieht sie nicht mehr und weigert sich auch, weiterhin Briefe für sie zu schreiben.

Eines Tages verletzt Manuel sich bei einem Unfall, er hat große Schmerzen, und ein Wundarzt muß kommen. Esteban wacht bei seinem Bruder, und wird von diesem im Fieberwahn beschimpft und verflucht. In der dritten Nacht stirbt Manuel.

Esteban ist völlig gebrochen, auch in ihm ist mit dem Tod des Zwillingsbruder etwas gestorben. Er irrt sinnlos in der Stadt umher. Die Äbtissin Madre Maria Del Pilar, die die Brüder ja aufgezogen hatte, nimmt sich seiner an. Und weil die Zwillinge sich so ähnlich sahen und nicht auseinanderzuhalten sind, fragt sie ihn, welcher von beiden er sei, und Esteban sagt: „Manuel". Nur von weitem folgt Esteban dem Trauerzug seines Bruder.

---

1) S. 67

Die ganze Stadt nimmt Anteil am Schicksal der beiden. Kurz nach der Beerdigung verschwindet Esteban aus Lima, und man hört nur hin und wieder von ihm. Madre Maria Del Pilar macht sich Sorgen um ihn, und im Glauben, ihre Erziehung hätte versagt, schickt sie ihm Kapitän Alvarado nach, der sich um ihn kümmern soll.[1] Esteban freut sich, den Bekannten zu sehen, und er nimmt das Angebot an, mit ihm wieder zur See zu fahren. Am nächsten Morgen bereut er jedoch seinen Entschluß, und weigert sich mitzukommen. Schließlich gelingt es Kapitän Alvarado, Esteban umzustimmen, nicht zuletzt unter Hinweis auf das Geschenk, das Esteban Madre Maria Del Pilar von seinem Lohn kaufen wollte.

Doch Esteban kann den Tod des geliebten Bruders nicht verwinden und noch am selben Tag versucht er, sich aufzuhängen. Alvarado kommt im letzten Moment hinzu und verhindert den Selbstmord. Esteban ist völlig gebrochen; der Kapitän versucht ihn zu beruhigen. Schließlich brechen sie auf.

Bei der Brücke von San Luis Rey bleibt Kapitän Alvarado zurück, um das Hinüberschaffen der Ware zu überwachen, „Esteban aber ging über die Brücke und stürzte mit ihr."[2]

Part Four

Uncle Pio; Don Jaime („Onkel Pio")[3]

Onkel Pio ist ein Vertrauter der Schauspielerin Perichole, ja, es gibt gar Gerüchte, er sei ihr Vater.

Der Erzähler zitiert aus einem der berühmten Briefe der Marquesa, um Onkel Pio zu beschreiben, sie nennt ihn dort einen „bejahrten Harlekin",[4] einen netten, aber leider auch verdorbenen Menschen.

---

1) s. a. III. 4.10.
2) S. 84
3) Zu den Unterschieden der Zwischentitel s. III.1.
4) S. 87

Onkel Pio wurde als unehelicher Sohn eines angesehenen Mannes geboren; im Alter von zehn Jahren brannte er von zuhause durch und führte seitdem ein abenteuerliches Leben. Drei Ziele setzte er sich, die er erreichen wollte: Unabhängigkeit, die Gesellschaft schöner Frauen, und die Gesellschaft von Leuten, die wie er selbst Literatur liebten.

Eines Tages entdeckt er die kleine Perichole; sie singt mit zwölf Jahren in einem Café. Onkel Pio nimmt sich ihrer an, und bald entsteht eine enge Vater-Tochter-Beziehung. Die beiden führen ein unstetes Leben; Perichole singt weiter in Cafés und wird mit Hilfe von Onkel Pio eine gefeierte Schauspielerin. Bald liegt ihr ganz Lima zu Füßen. Aber von Onkel Pio erntet sie selten Lob, immer, so meint sie, hat er etwas an ihr auszusetzen. Perichole – nun eine Berühmtheit und von der Gesellschaft anerkannt – beginnt ihre Arbeit zu vernachlässigen; die Schauspielerei hatte sie im Grunde schon immer gelangweilt. Nur von Zeit zu Zeit begeistert sie sich noch für eine Rolle.

In dieser Zeit wird Perichole dem Vizekönig vorgestellt und bald ist sie seine Geliebte. Von nun an geht sie bei Hofe ein und aus, und auch der Erzbischof, eine fauler, verwöhnter Mann ist von ihr begeistert.[1)]

Perichole schenkt dem Vizekönig im Laufe der Jahre drei Kinder, aber sie ist seiner längst überdrüssig geworden, und Onkel Pio sieht, daß sie unglücklich ist. Sie beginnt und beendet Affären mit Stierkämpfern und Schauspielern und reichen Kaufleuten. Onkel Pio sieht das alles mit Sorge. Perichole entwickelt auch den Ehrgeiz, eine große Dame der Gesellschaft zu werden. In einem Badeort in den Bergen, unweit vom schon erwähnten Santa Maria De Cluxambuqua[2)], wo sie sich im Sommer aufhält, ist sie die ungekrönte Königin, vom Adel umschwärmt, der sich die Gunst des Vizekönigs erhalten will.

Pericholes Sohn Don Jaime ist mittlerweile sieben Jahre alt, ein hübscher aufgeweckter Junge, der an Epilepsie leidet.[3)]

---

1) zum Erzbischof s. a. III. 4.11.2.
2) s. u. II.2., Part Two
3) zu Don Jaime vgl. III.4.9

Die Schauspielerin hat den Aufstieg in die höchste Gesellschaft geschafft, nun geht sie nicht mehr zur Bühne und schämt sich ihrer Bekanntschaft mit Onkel Pio. Schließlich verbietet sie ihm ganz, sie zu besuchen. Nach langem Drängen Pios, erlaubt Perichole ihm eines Abends doch eine kurze Unterredung. Zuerst ist sie kühl, aber dann bereut sie ihr Verhalten und entschuldigt sich. Onkel Pio sähe es gerne, wenn Perichole zum Theater zurückkehren würde, ohne sie – so sagt er –, hätte es an Qualität verloren, doch sie entgegnet: „Du mußt dich zufriedengeben. Ich habe kein Herz für das Theater."[1)]

Traurig verläßt Onkel Pio sie.

Wenig später verbreitet sich die Nachricht, Perichole sei schwer erkrankt, sie habe die Blattern, und ihr Gesicht sei für immer entstellt. Sobald es ihr ihr Zustand erlaubt, zieht Perichole sich in ihre Villa in dem entlegenen Badeort zurück und läßt ihren sonstigen Besitz verkaufen. Sie zeigt sich nicht mehr in der Öffentlichkeit, und weder der Vizekönig noch der Erzbischof erhalten die Erlaubnis, sie zu besuchen. Perichole verfällt mehr und mehr; Stolz und Zynismus zwingen sie, alles Geld und alle Geschenke zurückzugeben, und bald ist sie eine arme Frau. Nur Onkel Pio ist jetzt bei ihr, sie aber verspottet und verhöhnt ihn, und schließlich wird er von ihr verjagt. Doch Onkel Pio gibt nicht auf und mit einer List gelingt es ihm, noch einmal in ihre Nähe zu kommen. Er bittet sie, ihm für ein Jahr Don Jaime zu überlassen, er will für ihn sorgen und ihn erziehen. Schweren Herzens willigt Perichole nach längerer Zeit ein. Onkel Pio und Perichole verabschieden sich voneinander, und er macht sich mit dem kleinen Don Jaime auf den Weg. Er trägt den Jungen auf seinen Schultern und sagt zu ihm, als die Brücke von San Luis Rey in Sicht kommt: „sobald sie über die Brücke wären, wollten sie niedersitzen und rasten; aber wie es sich ergab, war das nicht mehr nötig.".[2)]

---

1) S. 116
2) S. 124

Part Five

Perhaps An Intention („Vielleicht eine Fügung")

Der fünfte Teil des Romans läßt sich noch einmal in zwei Teile unterteilen. Zuerst wird das weitere Schicksal Bruder Junipers erzählt, dann berichtet der Erzähler vom Trauergottesdienst für die Opfer des Unglücks und von den Reaktionen der Hinterbliebenen.

Als Bruder Juniper nach einigen Jahren das Leben der fünf Opfer erforscht, beschließt er, darüber ein Buch zu schreiben, um den Sinn ihres plötzlichen Todes klarer zu sehen. Schon einmal hatte er versucht, seine christlichen Überzeugungen logisch zu beweisen. Damals hatte er allen Pestopfern eines Dorfes Noten für Sittenreinheit, Frömmigkeit und Nützlichkeit gegeben. Doch trotz all ihrer Schlechtigkeit, die den Zorn eines strafenden Gottes hätte herausfordern können, schienen die Toten noch besser gewesen zu sein als die Überlebenden.

Bruder Juniper erhält kein einheitliches Bild über die Opfer der Katastrophe von San Luis Rey. Überall hört er anderes aus dem Leben der Marquesa, über Pepita, Esteban, Onkel Pio und den kleinen Don Jaime. Schließlich gibt Bruder Junipers Buch die Meinungen seines Verfassers wieder: Stolz und Reichtum seien durch den Einsturz der Brücke bestraft worden, Demut sei gekrönt, und die Guten seien vorzeitig in den Himmel abberufen worden. Das Buch erregt viel Aufsehen, und wird schließlich von der Inquisition verdammt. Bruder Juniper wird als Ketzer zum Tod auf dem Scheiterhaufen verurteilt. Und obwohl er beim einfachen Volk sehr beliebt ist, wird das Urteil auch vollstreckt.[1)]
Danach[2)] wird vom Trauergottesdienst für die Opfer des Brückeneinsturzes von San Luis Rey berichtet, der zeitlich einige Jahre vor der Bruder-Juniper-Rahmenhandlung anzusetzen ist. Hier wird die eigentliche Handlung des Buches wieder aufgenommen, das Schicksal Bruder Junipers war demgegenüber nur eine belanglose und

---

1) zu Bruder Juniper vgl. a. III. 4.1.
2) in der deutschen Ausgabe ohne Absatz; vgl. III. 1.

schnell wieder vergessene Episode.[1] Das Leben und Sterben der anderen dagegen hat für ihre Angehörigen weitgehende Konsequenzen. Am Trauergottesdienst nehmen sie alle teil, die Äbtissin Madre Maria Del Pilar, Perichole, Kapitän Alvarado, der Vizekönig und der Erzbischof. Dieses Unglück hat jeden, der einen geliebten Menschen dabei verlor, verändert. „Aber wo gäbe es Bücher genug, alle die Ereignisse aufzunehmen, die nicht dieselben gewesen wären ohne den Einsturz der Brücke?".[2]
Der Erzähler greift im folgenden einige Ereignisse heraus: Perichole kommt über den Verlust ihres Sohnes und Onkel Pios nicht hinweg, sie vergräbt sich in ihrer einsamen Villa. Eines Tages aber – ein Jahr ist inzwischen vergangen – überwindet sie sich und sucht die Äbtissin Madre Maria Del Pilar auf, die, wie sie gehört hat, ebenfalls zwei geliebte Menschen (Pepita und Esteban) beim Einsturz der Brücke von San Luis Rey verloren hat. Die Äbtissin nimmt die Demütige liebevoll auf, und Perichole schüttet ihr ihr Herz aus. Sie ist nun eine ganz Andere.
Ein weiteres Beispiel für die Veränderungen:
Die Tochter der Marquesa kommt nach Peru, auch sie bereut ihre Lieblosigkeit und macht sich schwere Vorwürfe. Dona Clara[3] ist von ihrer Schuld gegen ihre Mutter überzeugt und zeigt der Äbtissin den letzten Brief, den sie von der Marquesa erhalten hat. Es ist der uns schon Bekannte, aus der Nacht vor dem Unglück, den eine völlig verwandelte Marquesa De Montemayor geschrieben hat. Später läßt Dona Clara sich von der Äbtissin deren Lebenswerk zeigen. Auf ihrem Rundgang durch Schulen und Krankenhäuser stellt Madre Maria Del Pilar der Dame aus Spanien eine ihrer Helferinnen vor, eine Frau, „die ebenfalls in die Geschichte von der Brücke verwickelt und früher einmal Schauspielerin war."[4]

---

1) „Dort liegt sie" – eine Abschrift seines Buches – „jetzt zwischen zwei dicken Holzdeckeln und verstaubt in einem Regal." (S. 14)
2) S. 137
3) zu Dona Clara vgl. a. III. 4.3.
4) S. 140

Es ist Perichole.

So zeigen sich bei diesen drei Frauen beispielhaft die Veränderungen, die der Einsturz der Brücke von San Luis Rey hervorgerufen hat.

Und die Äbtissin erkennt, daß alles vergänglich ist, auch ihr Lebenswerk, das sie nach ihrem Tod weitergeführt wissen wollte. Sie erkennt, daß auch das Unglück von San Luis Rey bald vergessen sein wird, die Toten unbekannt, und es wird nicht wichtig sein.

Mit den Gedanken von Madre Maria Del Pilar – in denen sie die anfangs von Bruder Juniper aufgeworfene Frage nach dem Sinn des Lebens für sich beantwortet – schließt das Buch:

„Nicht einmal eines Erinnerns bedarf die Liebe. Da ist ein Land der Lebenden und der Toten, und die Brücke zwischen ihnen ist die Liebe – das einzige Bleibende, der einzige Sinn."[1)]

3. Sprachliche und sachliche Erläuterungen

3.1. Struktur und Sprache des Romans

3.1.1. Struktur

"The Bridge of San Luis Rey" hat die Form einer **Rahmenerzählung.** Im ersten Teil wird von Bruder Juniper erzählt, der sich aufmacht, die Ursachen für den Einsturz der Brücke von San Luis Rey herauszufinden. Der fünfte Teil schließlich erwähnt die Ergebnisse dieser Untersuchung und berichtet vom weiteren Schicksal Junipers. Die drei Teile, die von diesem Rahmen eingeschlossen werden, berichten – aus der Sicht des Erzählers – aus dem Leben der fünf Opfer. Hier handelt es sich um eine ähnliche Untersuchung wie die Bruder Junipers[2)], aber mit anderen Zielen, durchaus eine **Gegenuntersuchung**.

Dieser Rahmen wird allerdings im fünften Teil **unterbrochen**.

Der zeitlich einige Jahre vor der Untersuchung und Verurteilung Juni-

---

1) S. 141
2) (die fünf Teile des Romanes entsprechen dann den fünf Akten)

pers anzusetzende Trauergottesdienst für die Opfer des Brückeneinsturzes und die Reaktionen der Hinterbliebenen, erscheinen erst nach dem Tode Junipers. Die zeitlich nacheinander ablaufenden Ereignisse werden hier umgedreht.[1)]

Neben der Feststellung der – unterbrochenen – Rahmenstruktur, läßt sich auf "The Bridge of San Luis Rey" mit einigem Recht auch die **Struktur des klassischen Dramas** beziehen[2)], zumal der Inhalt offenkundig einen solchen Aufbau unterstützt.

---

1) "It takes the form of an enquiry similar to that made by Brother Juniper..."
2) vgl. III. 1

Aus dem bisher Gesagten ergibt sich dann folgendes Strukturschema:

Part One	Rahmen	Akt I
Parhaps an Accident		Exposition
Part Two	von der	Akt II
The Marquesa De Montemayor; Pepita	Rahmenhandlung eingeschlossene Erzählung	Handlung; Spannungssteigerung; retadierende Momente
Part Three		Akt III
Esteban		
Part Four		Akt IV
Uncle Pio; Don Jaime		
Part Five	unterbrochener Rahmen	Akt V
Perhaps an Intention		(Lösung)

Der Aufbau des klassischen Dramas wird dadurch unterbrochen, daß die Lösung, das Ende (immer der Einsturz der Brücke) nicht erst im fünften Teil, sondern schon am Ende jedes der gleichzeitig ablaufenden Teile 2, 3 und 4 stattfindet. Als Gesamtlösung, dénouement, könnte man die Reaktionen der Hinterbliebenen im fünften Teil betrachten, die zum Teil radikal ihr Leben verändern; oder auch das Scheitern Bruder Junipers, als mißlungene Bewältigung des Geschehenen, die eigentliche Katastrophe.

Die Ereignisse innerhalb des Rahmens spielen sich also **gleichzeitig** ab, die gleiche Geschichte wird mehrmals – unter anderen Gesichtspunkten, mit anderen Figuren – erzählt. Jeder Hauptperson, die beim Einsturz der Brücke von San Luis Rey ums Leben kommt, ist ein Abschnitt gewidmet.[1]

Der Leser erlebt in den drei mittleren Teilen also ein Art **„Spurensicherung"** mit, die nach dem Unglück durchgeführt wird, um das Leben der Opfer zu erhellen. Es ist aber nicht Bruder Juniper, der hier von den Ergebnissen seiner Untersuchung berichtet, es gibt einen anderen Erzähler, der mehr weiß, und der Juniper und sein Anliegen – wie mehrfach betont wird – für beschränkt hält.

Der Erzähler des Romans ist ein Auktorialer.[2]

Jeder dieser Episoden, die innerhalb des Romans erzählt werden, könnte auch allein für sich, als **Kurzgeschichte**, stehen, wäre die Intention Wilder's eine andere gewesen.[3]

Zugleich hätten aber auch mehr Episoden innerhalb des Romans erzählt werden können. Dies wird ausdrücklich betont: „Aber wo gäbe es Bücher genug, alle die Ereignisse aufzunehmen, die nicht dieselben gewesen wären, ohne den Einsturz der Brücke?"[4]

Wilder beschränkt sich auf die Darstellung des Lebens dieser fünf Personen und ihrer Verknüpfungen mit der Umwelt, so bleibt die Fünfteilung des klassischen Dramas erhalten, die Geschichte ist klar und zeigt parabelhaft die Anschauungen des Erzählers.[5]

---

1) entweder allein, oder mit einem anderen zusammen
2) zu den verschiedenen Erzählperspektiven s. a. III. 3.1.2., Franz K. Stanzel, „Typische Erzählsituationen"
3) s. a. III.6.
4) S. 137
5) s. a. III.6.

Die Struktur ist also die einer **Rahmenerzählung,** die von einem auktorialen Erzähler erzählt wird. Die Aufteilung in fünf Abschnitte erinnert an das klassische Drama.[1] Die drei mittleren Teile sind gleichgewichtig und gleichwertig, und hätten auch alleine – als Kurzgeschichten – erscheinen können.

3.1.2 Franz K. Stanzel, „Typische Erzählsituationen"

Es sind drei typische Erzählsituationen zu unterscheiden:

I. Die auktoriale Erzählsituation. Das auszeichnende Merkmal dieser Erzählsituation ist die Anwesenheit eines persönlichen, sich in Einmengung und Kommentaren zum Erzählten kundgebenden Erzählers. Dieser Erzähler scheint auf den ersten Blick mit dem Autor identisch zu sein. Bei genauerer Betrachtung wird jedoch fast immer eine eigentümliche Verfremdung der Persönlichkeit des Autors in der Gestalt des Erzählers sichtbar. Er weiß weniger, manchmal auch mehr, als vom Autor zu erwarten wäre, er vertritt gelegentlich Meinungen, die nicht unbedingt auch die des Autors sein müssen. Dieser auktoriale Erzähler ist also eine eigenständige Gestalt, die ebenso vom Autor geschaffen worden ist, wie die Charaktere des Romans. Wesentlich für den auktorialen Erzähler ist, daß er als Mittelsmann der Geschichte einen Platz sozusagen an der Schwelle zwischen der fiktiven Welt des Romans und der Wirklichkeit des Autors und des Lesers einnimmt. Die der auktorialen Erzählsituation entsprechende Grundform des Erzählens ist die berichtende Erzählweise.[1] Die szenische Darstellung[2], von der auch in einem Roman mit vorherrschend auktorialer Erzählsituation ausgiebiger Gebrauch gemacht werden kann, ordnet sich im Hinblick auf die in einem auktorialen Roman gegebene Orientierungslage des Lesers der berichtenden Erzählweise unter. Das Erzählte wird durchgehend als in der Vergangenheit liegend aufgefaßt, das epische Präteritum behält seine Vergangenheitsbedeutung.

---

1) s. a. III.6.

II. Die Ich-Erzählsituation unterscheidet sich von der auktorialen Erzählsituation zunächst darin, daß hier der Erzähler zur Welt der Romancharaktere gehört. Er selbst hat das Geschehen erlebt, miterlebt oder beobachtet, oder unmittelbar von den eigentlichen Akteuren des Geschehens in Erfahrung gebracht. Auch hier herrscht die berichtende Erzählweise vor, der sich szenische Darstellung unterordnet. [...]

III. Die personale Erzählsituation. Verzichtet der Erzähler auf seine Einmengungen in die Erzählung, tritt er so weit hinter den Charakter des Romans zurück, daß seine Anwesenheit dem Leser nicht mehr bewußt wird, dann öffnet sich dem Leser die Illusion, er befände sich selbst auf dem Schauplatz des Geschehens oder er betrachte die dargestellte Welt mit den Augen einer Romanfigur die jedoch nicht erzählt, sondern in deren Bewußtsein sich das Geschehen gleichsam spiegelt. Damit wird diese Romanfigur zur persona, zur Rollenmaske, die der Leser anlegt. [...] Was über die Wirkung der szenischen Darstellung, die in einer solchen Erzählsituation immer vorherrscht, gesagt wurde, gilt auch für die personale Erzählsituation im allgemeinen. Es ist vor allem die Illusion der Unmittelbarkeit, mit welcher das dargestellte Geschehen zur Vorstellung des Lesers wird, welche als charakteristisches Merkmal der personalen Erzählsituation anzusehen ist.

Die Anwendbarkeit dieser drei Typen in der Romaninterpretation hängt von der genauen Kenntnis der besonderen Gestaltungspotenz jedes der drei Typen ab. Im folgenden sollen daher diese drei typischen Erzählsituationen bzw. die drei ihnen entsprechenden Romantypen eingehender charakterisiert werden.

Der auktoriale Roman

[...] In der Rolle des auktorialen Erzählers fiktiviert und dramatisiert der Autor seine Erzählfunktion. Dabei kann sich der Erzähler sehr weit von der historischen Persönlichkeit des Autors entfernen, im äußersten Fall kann aus ihm sogar ein irreführender Zwischenträger werden, dessen Unzuverlässigkeit den Leser, sobald er sie erkannt hat, zu einer kritischen Haltung ihm gegenüber zwingt. In jedem Fall jedoch bedeutet auktoriales Erzählen Selbstkundgabe eines persönlichen und außerhalb der dargestellten Welt stehenden Erzählers, der sich mit seiner Selbstkundgabe im Erzählakt auch der Interpretation stellt. Wichtige Anhaltspunkte dafür, wie sich der Leser zu ihm einzustellen hat, liefert bereits die vom Erzähler angenommene Rolle, etwa die des um die historische Wahrheit sehr bemühten Chronisten, des objektiven Herausgebers, des teilwissenden oder des allwissenden Erzählers. Daraus sind bereits Schlüsse auf die Lage seines Standpunktes, seine Perspektive und die Weite seines Beobachtungshorizontes zu ziehen. [...] Aufschlußreicher noch als die Rolleneinkleidung des auktorialen Erzählers sind seine Kommentare zum erzählten Geschehen. In diesen Einschaltungen zeichnet sich nämlich die geistige Physiognomie des auktorialen Erzählers ab, seine Interessen, seine Weltkenntnis, seine Einstellung zu politischen, sozialen und moralischen Fragen, seine Voreingenommenheit gegenüber bestimmter Personen oder Dingen.

[...]

Der Ich-Roman

[...]

Verglichen mit der auktorialen Erzählsituation ist die Ich-Erzählsituation die umständlichere, da sie den Autor auf den Standpunkt und die Erlebnisperspektive der Ich-Gestalt festlegt. Was manchen Autoren des 18. und 19. Jahrhunderts als unnötige Beschränkung ihrer Freizügigkeit im Hervorbringen von fiktiver Welt erschien, erweist sich dem modernen Autor, der die persönlich-intime Weltschau dem panoramatischen Ausblick auf die Fülle der Erscheinungen vorzieht, als unschätzbarer Vorteil. Ein weiterer Vorzug liegt darin, daß die Ich-Erzählsituation die Mittelbarkeit des Erzählens im Roman zu einem Teil des erzählten Geschehens macht. Die Persönlichkeit des Erzählers, sein Standpunkt in der dargestellten Welt, seine Haltung zu den erzählten Begebenheiten werden damit Gegenstand der Erzählung. Der gehobene Illusionsanspruch des Lesers auf Medialität[3] der Geschichte (nicht das Ereignis selbst, sondern wie es auf jemanden gewirkt hat, interessiert), wird also hier ausgiebiger befriedigt als in einer auktorialen Erzählsituation. Die dargestellte Welt des auktorialen Romans ist aus der Distanz kontemplierte[4] Welt, die des Ich-Romans in der Erinnerung wiedererlebte Welt. Und wo die Ich-Figur nicht im Mittelpunkt des Geschehens, sondern an dessen Rand steht, ist es die scharfe Perspektivierung des Erzählten, welche durch die Ich-Erzählsituation gefördert wird. Die genauere raum-zeitliche Fixierung des Erzählers in der dargestellten Wirklichkeit läßt die Konturen des Erzählten schärfer werden. Hinzu kommt, daß die Individualität oder Typik der Persönlichkeit des Erzählers ein eigentümliches Licht auf die betrachtete Szene wirft.

[...]

Der Personale Roman

Im Vergleich zu den anderen beiden Typen, dem auktorialen Roman und dem Ich-Roman, ist der Typus des personalen Romans erst spät in der Geschichte des Romans hervorgetreten, nämlich seit der zweiten Hälfte des 19. Jahrhunderts. Er ist aber dann in sehr kurzer Zeit zu großer Bedeutung aufgestiegen. Drei Dinge haben seinen Aufstieg gefördert: ein philosophisches Prinzip (die Forderung nach Objektivität): eine erzähltechnische Neuerung (die strenge und konsequente Einhaltung einer bestimmten Perspektive): und ein neues Thema (das Bewußtsein und das Unterbewußtsein des Menschen).

Objektivierung bedeutet im Roman immer Dramatisierung. [...] Um dieser Forderung im Roman entsprechen zu können, mußte die Gestalt des auktorialen Erzählers, der von einem überlegenen oder gar allwissenden Standpunkt aus das Geschehen auf höchst persönliche, d. h. subjektive Weise leitet und kommentiert, verschwinden. Der personale Roman wird gezeigt, vorgeführt, dargestellt. [...]

Das Zurücktreten des Erzählers im personalen Roman, die Neutralisierung oder Ausschaltung aller Erzählelemente, aus denen im auktorialen Roman auf die Person des Erzählers geschlossen werden kann, das Vorherrschen szenischer Gestaltung des Dialogs, der erlebten Rede und der Bewußtseinsspiegelung, und nicht zuletzt die Fixierung des point of view der Darstellung im Bewußtstein einer Romangestalt, verändern grundlegend die Orientierungslage des Lesers in einem personalen Roman im Vergleich zu jener im auktorialen Roman. Der Leser sieht sich, wie an dem Zitat gezeigt wurde, der dargestellten Welt scheinbar direkt gegenüber, ohne die lenkende und kommentierende Hilfe eines Erzählers. Oder der Leser glaubt sich in eine Romangestalt versetzt, glaubt mit den Augen dieser Gestalt auf die dargestellte Welt zu blicken, an ihren Gefühlen und Gedanken über diese Welt teilzunehmen.

Quelle:

(Stanzel, Franz K.: Typische Formen des Romans. Göttingen, 1969)

Erläuterungen:

1) berichtende Erzählweise: Der Berichterstatter befindet sich in zeitlicher und räumlicher Ferne vom Geschehen. Der Erzähler vermittelt den Vorgang dem Leser distanziert. Diese Distanz schließt auch ein engeres Engagement des Lesers mit dem Geschehen aus.
2) szenische Darstellung: Der Erzähler stellt das Geschehen in seinem Ablauf wie gegenwärtig dar. Der Leser wird so zum unmittelbar erlebenden Augenzeugen des Geschehens. Er versetzt sich in die Rolle der beobachtenden Ich- oder Er-Figur.
3) Medialität: Mittelbarkeit
4) kontempliert: betrachtet

3.1.3. Die Sprache des Autors

Das Werk wurde von der Kritik positiv aufgenommen[1] und mit dem Pulitzer-Preis geehrt ("The Bridge of San Luis Rey, which established Thornton Wilder as one one of the leading novelists of the twentieth century."[2]).

Wenn man **die Sprache, den Erzählstil** eines Werkes beurteilen will, sind die strengen Kriterien des amerikanischen "New Criticism" hilfreich, wie z. B.:

– Komplexität und Dichte des Erzählten

Wilder's Prosa ist dicht, Zusammenhänge und Situationen werden treffend und für den Leser nachvollziehbar beschrieben. Man betrachte hierzu: die Beschreibung der Personen, z. B. der Marquesa[3], (die einmal „die fesselndste Gestalt des amerikanischen Romans" genannt wurde[4], oder auch Einzelheiten, wie z. B. die Beschreibung einer ruhigen Spätnachmittagsstunde[5], die den Reichtum von Thornton Wilder's Prosa besonders deutlich machen.

Diese Fähigkeit komplex, „dicht", zu schildern, zeigt sich auch in Wilder's anderen Romanen und erreicht in "The Eigth Day" einen weiteren Höhepunkt.

– Sprache des Paradoxen und der Ironie

Zumindest eine ironische Erzählweise läßt sich an vielen Stellen in „The Bridge of San Luis Rey" nachweisen (wie auch in allen anderen epischen Werken Wilder's.). Wilder besitzt in hohem Maße die Gabe,

---

1) zu den Rezensionen s. IV.1.
2) Einleitung zur Penguin-Ausgabe, 1954, vgl. III.1.
3) S. 17 – 20
4) Fischer, Walther. Thornton Wilder's The Bridge of San Luis Rey und Prosper Merimeés Le Carrosse du Saint-Sacrement. Anglia, LX, p. 234-40, 1936
5) S. 113

ironisch, komisch, zu erzählen. Man denke z. B. an die Beschreibung des Erzbischofs („In der Stadt Lima gab es ein Etwas. . .[1]") oder auch an die liebenswürdige Charakterstudie der Marquesa De Montemayor.

Thornton Wilder erzählt immer **humorvoll,** und ist oft **komisch**, doch seine Ironie überschreitet nie die Grenze des Verletzenden, die Charaktere sind liebenswürdig und allzu menschlich. Auch hier zeigt sich Wilder's Verständnis der menschlichen Natur.

– Spannung

Hier ist das Empfinden des Lesers direkt angesprochen. Sicher aber sind psychologische Konflikte und Entwicklungen für den offenen, interessierten Leser immer interessant und spannend, zumal wenn ein Meister seines Fachs wie Thornton Wilder erzählt. Spannung – im Sinne von „Dichte" – wird sicher auch durch die Struktur des Romans unterstützt, die Rahmenhandlung und die Unterteilung des klassischen Dramas.

3.2. Sachliche Erläuterungen

3.2.1. Historischer Hintergrund / Das 18. Jahrhundert in Südamerika

Das 18. Jahrhundert war in den spanischen und portugiesischen Kolonien Südamerikas verhältnismäßig ruhig, ohne geschichtliche Umwälzungen. Die Kolonialmächte hatten sich seit den brutalen Eroberungen im 16. Jahrhundert etabliert und ihre Herrschaft gesichert; die Unabhängigkeitsbewegungen des 19. Jahrhunderts hatten noch nicht begonnen.

In „Neu-Spanien" herrscht die spanische Minderheit, Kreolen (Mischlinge) und Indianer sind von der Herrschaft ausgenommen. Die in-

---

1) S. 105

dianischen Stämme – vor den europäischen Eroberungen Kulturträger – werden brutal unterdrückt. (Im Jahre 1740 gab es in den spanischen Besitzungen ca. 200.000 Spanier, wobei die Kreolen schon miteingeschlossen sind, und etwa 6 Millionen Indianer.)[1]

Die ursprüngliche Kultur ist weitgehend zerstört.

Im 17. und 18. Jahrhundert gibt es zahlreiche Missionsgründungen der geistlichen Orden, in deren Einzugsbereich Schwarze und Indianer vor Ausbeutung geschützt werden. Ein Beispiel hierfür ist der „Ordensstaat" der Jesuiten in Paraguay.

In den Kolonien sorgt die Inquisition mit eiserner Hand für Ruhe und Ordnung. Das koloniale System ist im Innern erstarrt und beginnt langsam zu zerfallen. Eine zusätzliche Schwächung bedeutet die Unsicherheit der Seewege nach Europa (Piraterie der aufstrebenden Seemächte, wie z. B. England).

Ausländern ist das Betreten der Kolonien streng verboten; fremde Schiffe, die sich den Küsten nähern, werden aufgebracht und versenkt, die Besatzung wird entweder hingerichtet oder zur Arbeit in den Erzminen verurteilt.

Strenge Gesetze bestimmen auch die Landwirtschaft, nur die Nutzpflanzen dürfen angebaut werden, die man im Mutterland benötigt.

Nach dem spanischen Erbfolgekrieg im Jahre 1714 werden diese strengen – und letztendlich unwirtschatlichen – Bestimmungen gelokkert; die Häfen werden nun auch für Schiffe anderer Nationalitäten geöffnet.

Im Jahre 1748 kommt es zu weiteren Liberalisierungen.

1759 werden die Jesuiten aus Portugal und den portugiesischen Kolonien vertrieben. Die Indianersiedlungen, die von ihnen als soziales Experiment angelegt worden waren, beginnen zu verfallen.

---

1) nach "Valentin, Veit. Illustrierte Weltgeschichte, Band III, Köln, 1976."

Für die Handlung von "The Bridge of San Luis Rey" ebenfalls interessant:

Schon im Jahre 1602 war von den Spaniern in Lima ein Theater eingerichtet worden. Theater und Schauspiele waren in den indianischen Hochkulturen unbekannt gewesen, es hatte aber kultische Spiele gegeben.

3.2.2. Warum ist die Brücke San Luis Rey (dem hl. König Ludwig IX. von Frankreich) gewidmet? / Der historische heilige Ludwig / Bezüge zum Inhalt?

San Luis Rey – der heilige König Ludwig IX., König von Frankreich (1226 – 1270), kurz nach seinem Tod heiliggesprochen (1297), Fest am 25. August, Patron der Buchbinder und -drucker, **Schutzherr** des Handwerks, **der Pilger und Blinden**.

Wurde 1214, zur Hohenstaufenzeit, geboren, 1233 Heirat mit Margaretha von der Provence, dadurch Vereinigung des Südens mit dem Norden Frankreichs, Frankreich als Nation entsteht. Die Regentschaft Ludwigs war milde und gerecht, er hatte elf Kinder und führte ein sparsamens, strenges Leben. **König Ludwig stellte die noch neuen Orden der Franziskaner und Dominikaner unter seinen Schutz, er verbot die Ausbeutung von Wehrlosen**, Prunksucht und Zweikämpfe. Er erbaute viele Dome und Kirchen, gründete die Universität Toulouse und die Sorbonne in Paris zur Abwehr der Häresie und förderte Thomas von Aquin und Bonaventura. Für viel Geld kaufte Ludwig die hl. Dornenkrone, eine kostbare Reliquie, bei der es sich um die Dornenkrone Christi handeln soll, und ließ sie in feierlicher Prozession nach Paris bringen, wo er für sie die Sainte Chapelle erbauen ließ. Als er im Dezember 1243 von einer schweren Krankheit genas, gelobte er – als Dank für seine Rettung – einen Kreuzzug durchzuführen. Im Mai 1241 landete er mit einem Heer im islamischen Ägypten; es war das größte Kreuzfahrerheer, das die Welt bis dahin gesehen hatte. Am 8. Februar 1250 kam es bei El Mansur zur Schlacht, die für die Kreuzfahrer katastrophal ausging, König Ludwig wurde mit seinen Offizieren von den

Feinden gefangengenommen. Gegen ein hohes Lösegeld erhielt er die Freiheit zurück und wartete dann in Syrien fünf Jahre lang auf ein neues Heer, das ihm die abendländischen Könige und der Papst versprochen hatten. Aber er mußte schließlich unverrichteter Dinge nach Frankreich zurückkehren und brach erst 1267 erneut zu einem Kreuzzug auf. Bei der Belagerung von Tunis – Ludwig wartete wieder vergeblich auf frische Truppen – brach im Lager der Franzosen eine große Seuche aus. Nach enormen Verlusten starb auch der Kardinal-Legat des Papstes, und schließlich – am 25. August 1270 – König Ludwig IX. Die sterblichen Überreste des Königs wurden nach Frankreich gebracht, sein Haupt wurde in der Sainte Chapelle beigesetzt.

König Ludwig IX. – San Luis Rey – ist das Idealbild eines christlichen Herrschers seiner Zeit.

3.2.3. Die hl. Rosa von Lima / Vorbild für die Gestalt der Madre Maria Del Pilar?

Die heilige Rosa von Lima (1586 – 1617) wird allgemein als „die erste Blume der Heiligkeit Südamerikas" bezeichnet. Sie wurde am 20. April 1586 in Lima geboren. Ihre Eltern waren – obschon spanischer Herkunft – arm, und die kleine Rosa mußte arbeiten, um zum Lebensunterhalt der Familie beizutragen. Im Alter von fünf Jahren legte sie ein Gelübde ewiger Keuschheit ab, und als 16jährige trat Rosa in den dritten Orden des heiligen Dominikus ein, von nun an lebte sie ein zurückgezogenes Leben der Buße und Selbstkasteiung.

Rosa von Lima starb nach einer schweren Krankheit am 24. August 1617, im Alter von nur 31 Jahren. Nach ihrem Tod wurden zahlreiche Wunder bezeugt, die ihrer Fürsprache zugeschrieben werden. Im Jahre 1671 erfolgte die Heiligsprechung durch Papst Clemens X.

Ihr Todestag ist der Tag vor dem von San Luis Rey, während ihr Fest fünf Tage nach dem von Ludwig ist – am 30. August.

4. Charakterisierung der Hauptpersonen

4.1. Bruder Juniper

Allgemeine Beschreibung:

- klein und rothaarig,
- Franziskaner aus Norditalien

Wie verhält er sich vor dem Unglück?

Bruder Juniper ist als Missionar in Peru, und seine Arbeit ist offenbar erfolgreich. „Freude war in ihm, seine Sache ging nicht schlecht vorwärts."[1] Er ist glücklich, „ – wie dem auch war: er fühlte Frieden im Herzen."[2] Bruder Juniper wird von den armen Leuten, für die er sich einsetzt, geliebt.

Doch es drängt ihn auch, den Glauben wissenschaftlich zu beweisen. So beobachtet er das Wetter, um zu belegen, „Daß Regen und Dürre weislich zugemessen seien."[3] Aber dabei hat Juniper keinen Erfolg, was ihn freilich nicht entmutigen kann.[4]

Als in dem Dorf, in dem er arbeitet, die Pest ausbricht, sieht Juniper eine neue Chance. Wer stirbt, so seine These, muß vorher etwas Böses getan haben; für Bruder Juniper ist das Leiden der Menschen und der Tod an der Pest nur als gerechte Strafe Gottes vorstellbar. Hier spätestens zeigen sich die eigenartigen Züge der Religiosität Junipers, die im Gegensatz zum Glauben von Madre Maria Del Pilar steht.[5] Sein Plan wird zur fixen Idee, ergreift ganz von ihm Besitz.

Aber auch diesmal gelingt es ihm nicht, den Beweis für die Existenz Gottes zu erbringen. Die Opfer der Pest scheinen in Bezug auf Sittenreinheit, Frömmigkeit und Nützlichkeit, – wofür Bruder Juniper Noten verteilt – allesamt besser gewesen zu sein, als die Überlebenden.

---

1) S. 11
2) ebenda
3) S. 13
4) „Doch es war viele Male geschehen, daß Wolken vergingen..." (S. 13)
5) vgl. hierzu III. 4.5.

Warum also mußten diese Menschen sterben? Hat es gar die Falschen getroffen? Was ist mit dem göttlichen Plan, der göttlichen Vorsehung, wenn Willkür die Opfer bestimmt?

Solche Zweifel kommen Bruder Juniper nicht, er wartet weiter auf die Gelegenheit, seinen Glauben zu beweisen.

Welchen Einfluß hat der Einsturz der Brücke von San Luis Rey; wie verhält Bruder Juniper sich von nun an?

Diese Katastrophe scheint Bruder Juniper endlich die lang erwartete Gelegenheit zu sein. Alle Umstände scheinen für eine Untersuchung zu sprechen. „Warum geschah das just diesen fünfen? fragte er sich."[1], für Juniper muß es einen Grund geben, und der muß sich finden lassen. Für keinen Augenblick tauchen Zweifel daran auf, daß alles nach einem vorherbestimmten, weisen und sinnvollen Plan abläuft. „Dieses Reißen der Brücke von San Luis Rey aber war eine reine Fügung Gottes. Es bot ihm ein ganz einwandfreies Laboratorium."[2] Für Bruder Juniper läßt sich „Glaube" wie in einem Laboratorium beweisen, und für keinen Moment zweifelt er an dem zu erwartenden Resultat seiner Untersuchungen, ja, „er wußte das Resultat voraus."[3]

Juniper stürzt sich nun ganz in die Aufgabe, das Leben der Opfer zu erforschen, um Gründe für das Unglück zu finden. Er ist ein von seinem Glauben Begeisterter, vielleicht ein Fanatiker. Sein Gottesbild ist stark von alttestamentlichen Vorstellungen geprägt, der Gott, an den er glaubt, setzt Gerechtigkeit über Barmherzigkeit mit dem Sünder. Es ist ein Gott, der Sodom und Gomorrha wegen der Sünden ihrer Bewohner vernichtet, und der die Sintflut schickt, um ein Menschengeschlecht auszurotten.

Die Untersuchung wird Bruder Junipers Lebenswerk, sie beschäftigt ihn mehrere Jahre. Er hört viel Widersprüchliches über die einzelnen

---

1) S. 11
2) S. 12
3) ebenda

Personen[1], ja mehr noch, nie erfährt er wirklich Entscheidendes, „Und doch erfuhr Bruder Juniper, trotz seiner ganzen Emsigkeit, nie von dem einen, alles zu innerst bewegenden in Dona Marias Leben, noch in Onkel Pios, ja nicht einmal in Estebans."[2] Seine Sammlung bleibt Stückwerk.

Trotzdem glaubt Bruder Juniper am Ende, sein Ziel erreicht zu haben. Seine Schlußfolgerungen sind Verallgemeinerungen, wie der Erzähler sagt[3], Juniper sieht durch den Einsturz der Brücke die Bösen vernichtet, die Guten erhöht, durch das gleiche Ereignis Stolz bestraft und Demut erhöht.

Doch so ganz zufrieden ist er nicht, er hat Zweifel, „Es war just möglich, daß die Marquesa De Montemayor kein Ungeheuer an Geiz und Onkel Pio kein Ausbund von Zügellosigkeit war."[4]

So unterwirft Bruder Juniper sich auch demütig dem Urteil der Inquisition, „fügte sich der Entscheidung, daß der Teufel sich seiner bedient habe, um einen glänzenden Feldzug in Peru ins Werk zu setzen."[5]

Sein Glaube vergeht auch jetzt nicht. „Er fühlte keine Auflehnung. Er war bereit, sein Leben hinzugeben für die Reinheit der Kirche. . ."[6]

Das Leben von Bruder Juniper, der die Ratschlüsse Gottes entschlüsseln wollte, scheitert tragisch, aber sein Tod ist der eines Heiligen, „. . . und an eine Flamme gelehnt, lächelte er und starb."[7]

---

1) „. . .und jedermann erwies sich als sehr hilfreich und irreführend." (S. 13)
2) S. 14
3) S. 132
4) ebenda / Juniper verwendet hier Bezeichnungen, die – wie seine ganze Untersuchung – irrig sind, vgl. hierzu auch: III. 4.2., und III. 4.8.
5) S. 132
6) ebenda
7) S. 133

Stellen, an denen von Bruder Juniper gesprochen wird:

S. 10, Z. 21 – 33	S. 128
S. 11	S. 129
S. 12	S. 130, Z. 30 – 33
S. 13	S. 131
S. 14	S. 132, Z. 20 – 33
S. 127, Z. 12 – 26	S. 133, Z. 1 – 14

4.2. Dona Maria, die Marquesa De Montemayor

Wie die anderen, denen ein Teil des Buches gewidmet ist, hegt die Marquesa eine unglückliche Liebe. Wie Esteban seinen Bruder liebt, und Onkel Pio die Perichole, so liebt die Marquesa auch ihre Tochter. Es ist eine immense, verzweifelte Liebe, die das Leben der Liebenden tragisch und glücklos bestimmt.

Diese Liebe zu ihrer Tochter ist das Entscheidende im Leben der Marquesa, Zweck und Sinn. Trotzdem ist diese Liebe nicht selbstlos, vielmehr spiegelt sich in ihr die Eigenliebe der Mutter, und ihr Wunsch, zu dominieren, „sie liebte ihre Tochter nicht um der Tochter, sondern um ihrer selbst willen."[1]

Dona Clara, die Tochter, aber kann diese Liebe nicht erwidern, sie spürt den Egoismus darin, die Besitzansprüche ihrer Mutter, „. . . und betrachtete sie alsbald mit Befremden, ja mit Abscheu."[2]

Die Flucht der Tochter[3] kann die unglückliche Liebe der Marquesa nicht vermindern; ungestillte Sehnsucht kommt nun hinzu und entlädt sich in unzähligen Briefen an die so weit Entfernte. Bezeichnend ist auch, daß die Marquesa ihre Liebe nur in Briefen und in angemessenem Abstand von der Tochter wirklich ausdrücken kann. Sonst ist sie dazu nicht fähig, so endet ein Besuch bei ihrer Tochter in Spanien mit

---

1) S. 23
2) S. 18
3) S. a. III. 2 und III. 4.3.

den gleichen Beschimpfungen und Wutanfällen, die den beiden Frauen schon in Lima das Leben zur Hölle gemacht hatten. „Von nun an mußte das Briefeschreiben die Stelle all der Liebe einnehmen, welche nicht gelebt werden konnte.–[1] Die Marquesa denkt an nichts anderes mehr und wird so wegen ihrer seltsamen Erscheinung zum Gespött der Leute.

So geht es einige Jahre, bis die Marquesa erfährt, daß ihre Tochter ein Kind erwartet. Zuerst freilich zeigt sich diese **Entwicklung** ihres Charakters nur zögernd. Sie wird ruhiger, ist nach all der Aufregung beinahe ernüchtert. „Mehr kann ich nicht tun, flüsterte sie. Was sein wird, wird sein."[2]

Die Erkenntnis ihres bisherigen Verhaltens wird dann vertieft durch die Lektüre des unglücklichen Briefes von Pepita an die Äbtissin.[3]

Für einen Moment zeigt sich noch einmal der alte Egoismus der Marquesa: sie sehnt sich danach, ihre Tochter so zu beherrschen wie die Äbtissin Pepita. Aber ihre Gefühle haben sich schon zu weit verändert, sie hat den Charakter ihrer Liebe erkannt, nun lassen sich die Gedanken nicht mehr aufhalten. „Am meisten sehnte sie sich in diese Schlichtheit der Liebe zurück, sehnte sie sich, die Last des Stolzes und der Eitelkeit abzuwerfen, die ihre Liebe stets mit sich zu schleppen gehabt hatte."[4]

Hier zeigt sich der im Grunde edle Charakter der Marquesa, der nun endlich zum Vorschein kommt, ihr gutes Herz. Sie ist fähig, ihre Fehler zu erkennen und zu bereuen, und einen neuen, schmerzhaften Anfang zu wagen. Von nun an soll alles anders, besser werden. Die Marquesa setzt unter ihr bisheriges Leben einen Schlußstrich – auch unter ihre bisherigen Briefe an die Tochter – und schreibt, „was sie ihren ersten

---

1) S. 21
2) S. 47
3) s. III. 2.
4) S. 46

Brief nannte."[1], den Brief, der ihre Tochter so bezaubern und die Nachwelt so beeindrucken soll.

Freilich geht ihr Verhalten nicht soweit, daß sie sich selbst die ganze Schuld für ihr Versagen zuschreibt (die sie wohl auch nicht alleine trägt). „Es ist nicht meine Schuld, daß ich so war. Alles war daran schuld. Die Art, wie ich erzogen wurde."[2] „Morgen will ich ein neues Leben beginnen!"[3]

In dieser Nacht in Santa Maria De Cluxambuqua findet die Marquesa De Montemayor ihren Glauben an Gott wieder. Es ist die Nacht vor ihrem Tod, am nächsten Morgen kommt sie mit Pepita und den drei anderen beim Einsturz der Brücke von San Luis Rey ums Leben. Der plötzliche Tod beendet so die Entwicklung ihres Charakters, die soeben eingesetzt hatte: Ihr Brief aber – das Zeugnis dieser Wandlung – beeindruckt ihre Tochter so sehr, daß sie über ihr eigenes Verhalten nachzudenken beginnt, nach Peru reist und schließlich ebenfalls zu einem anderen Menschen wird.[4]

Stellen, die von der Marquesa De Montemayor handeln:

S. 17, Z.16-16	Der ganze zweite Teil, S. 17-51
S. 18,	S. 138, Z.31-33
	S. 139

4.3. Dona Clara, ihre Tochter

Dona Clara hat es als Tochter der Marquesa De Montemayor nicht leicht. Schon früh fasst sie eine Abneigung gegen ihre Mutter, die sich im Laufe der Jahre – angesichts der Spannungen und Wortwechsel –

---

1) S. 50
2) S. 50, vgl. dazu auch III. 2.
3) ebenda
4) s. a. III. 4.3.

noch verstärkt. Dona Clara „geriet jedoch ihrem Vater nach; sie war kalt und besaß mehr Verstand als Herz."[1]

Die ihr von der Mutter entgegengebrachte Liebe befremdet sie, schon bald begegnet sie der Marquesa „mit Befremden, ja mit Abscheu."[2]

Alle Mittel sind Dona Clara recht, um von zuhause fort-, von der Mutter loszukommen. Sicherlich hat sie mehr Eigenschaften von ihr geerbt, als sie selbst zugeben würde, wie z. B. ihren Egoismus und eine gewisse Reizbarkeit. Möglichst weit will Dona Clara weg und so nimmt sie mit Bedacht den zum Mann, „der ihre Übersiedlung nach Spanien notwendig machte."[3]

Auch in Spanien erhält Dona Clara weiterhin viel Geld von ihrer Mutter, was ihr erlaubt, eine der angesehensten Frauen bei Hofe zu werden. Doch sie ist verschwenderisch, „Alle Schätze Perus aber hätten nicht ausgereicht, ihr den großartigen Lebensstil zu ermöglichen, den sie für sich ausdachte."[4]

Ohne Skrupel nützt sie die Liebe ihrer Mutter aus, ja sie schreckt auch nicht vor kleinen Betrügereien zurück,[5] um mehr und immer mehr Geld von ihr zu erhalten.

Und doch schämt Dona Clara – als hochangesehene Frau – sich der Marquesa, immer wieder ermahnt sie sie, in den Briefen vorsichtiger zu sein, weil diese offenbar unterwegs geöffnet werden. Die ziemlich freimütigen Äußerungen der Marquesa über den lokalen Adel könnten Dona Clara kompromittieren.[6] Ihre Mutter und deren Briefe sind ihr lästig, aber auf ihr Geld kann und will sie nicht verzichten.

Aber nicht nur im Verhältnis zu ihrer Mutter zeigt sich Dona Claras übergroße Selbstliebe, auch anderen Menschen gegenüber ist sie

---

1) S. 10
2) ebenda
3) S. 18
4) S. 20
5) (die Angelegenheit mit der Kette; S. 25)
6) Wie oft muß ich Euch sagen, Ihr sollt vorsichtiger sein..." S. 26

kalt. Als sie ein Kind erwartet, empfindet sie nichts – ganz im Gegensatz zu der Marquesa.[1]

Nur ganz nebenbei erwähnt Dona Clara in einem Brief an ihre Mutter, daß sie schwanger ist. Sie weiß genau, was dies in der Marquesa auslösen muß; auch weiterhin versucht Dona Clara die Mutter zu verletzen.

Bei der Ankunft der Marquesa in dem Wallfahrtsort der Heiligen Jungfrau von Cluxanbuqua – wo sie für eine glückliche Geburt ihres Enkels beten will[2] – erhält sie einen Brief ihrer Tochter. „Er war voll von Bemerkungen, die wehtaten, wenn sie auch in recht brilliante Wendungen gekleidet und vielleicht nur um der bloßen Virtuosität willen geschrieben waren, auf eine artige Weise Schmerz zufügen zu können."[3]

Die Gefühle Dona Claras ihrer Mutter gegenüber sind noch die gleichen wie vor Jahren, bei ihrer fluchtartigen Abreise nach Spanien. Die Liebe der Mutter aber verzeiht ihr alles.

Erst als Dona Clara den letzten Brief ihrer Mutter erhält, der sich von den vorherigen so sehr unterscheidet,[4] und als sie vom Tod ihrer Mutter erfährt, **beginnt sie sich zu verändern.**

Auch bei ihr hinterläßt der Einsturz der Brücke von San Luis Rey Spuren. Dona Clara macht sich auf die weite und beschwerliche Reise nach Peru; es drängt sie, der verstorbenen Mutter nahe zu sein, mit Menschen zu sprechen, die sie gekannt haben. Der Erzähler berichtet schließlich von ihrem Besuch bei der Äbtissin Madre Maria Del Pilar. Dona Clara hat sich verändert, „sie schien diesmal befangen zu sein."[5] „Die modische Lässigkeit verschwand bei ihren Selbstanklagen."[6]

---

1) „Dieses Ereignis, das Dona Clara bloß lästig war, brachte bei der Marquesa eine ganze Tonleiter neuer Gemütsbewegungen zum Erklingen."; S. 41
2) vgl. III. 2. und III. 3. 2.
3) S. 45
4) s. III. 3. 2.
5) S. 138
6) ebenda

Die beiden Frauen, die beide Menschen die sie sehr liebten beim Einsturz der Brücke verloren haben, verstehen einander. Beide fühlen sich mitschuldig.[1] Die veränderte Dona Clara läßt sich dann von der Äbtissin deren Werk zeigen, für das sie sich früher – als stolze Adelige – wohl kaum interessiert hätte.

Bei den Kranken im Hospital der Äbtissin vollendet sich die Wandlung der Dona Clara, die – durch den letzten Brief ihrer Mutter ausgelöst – vor dem Einsturz der Brücke von San Luis Rey begonnen hatte.

Stellen, an denen von Dona Clara gesprochen wird:

S. 18, Z. 10-33
S. 19
S. 20
S. 25, Z. 1-8
S. 26, Z. 10-20
S. 35, Z. 20-25
S. 41
S. 42
S. 45, Z. 11-23
S. 50, Z. 30
S. 138
S. 139
S. 140

4.4. Pepita

Pepita spielt im Leben der Marquesa und der Äbtissin eine wichtige Rolle.

Als kleines Mädchen wuchs Pepita im Waisenhaus unter der Obhut von Madre Maria Del Pilar auf. Bald wurden ihre Fähigkeiten erkannt; und die Äbtissin kümmerte sich nun in besonderer Weise um das Mädchen, in der Hoffnung, ihr eines Tages ihr Lebenswerk zur Weiterführung übergeben zu können. So unterwirft sie Pepita schweren Prüfungen, läßt sie schwer arbeiten und gibt ihr Unterrricht in organisatori-

---

1) „dann erzählte ihr (Dona Clara) die Äbtissin von Pepita und Esteban und von Camillas (Perichole) Besuch. Wir alle, wir alle haben gefehlt. Man wünscht sich, dafür bestraft zu werden. Man ist bereit, jede Art von Buße hinzunehmen, aber wißt ihr, meine Tochter, wenn wir lieben – ich wage es kaum zu sagen – wenn wir lieben, scheinen sogar unsere Verfehlungen nicht lange zu währen." (S. 138)

schen Fragen. Ebenfalls zu ihrer Erziehung gehört der Aufenthalt als Gesellschafterin bei der Marquesa De Montemayor; Pepita soll so das weltliche Leben kennenlernen und dann ihre Wahl treffen.[1]

Demütig und ohne zu klagen nimmt Pepita alle Prüfungen auf sich.[2] Sie ist sich ihrer Unzulänglichkeit bewußt und hat Angst vor den Erwartungen der Äbtissin, „Pepita ward beängstigt durch das Gefühl ihrer Unzulänglichkeit; sie verheimlichte es und weinte im stillen."[3] Auch durch die Achtlosigkeit der Marquesa muß Pepita vieles erdulden. Obwohl diese sie nicht immer gut behandelt, ist sie ihr treu ergeben, umsorgt sie und bewahrt sie vor allerlei Peinlichkeiten. Als die Schauspielerin Perichole sich bei der Marquesa für ihre Beleidigungen entschuldigen muß, weigert Pepita sich zunächst, sie überhaupt vorzulassen.[4]

Auch auf der Reise in den Wallfahrtsort muß Pepita sich um alles kümmern. Sie zeigt in jeder Situation praktische Veranlagung und leitet den Haushalt der Marquesa umsichtig und tatkräftig.[5]

Aber Pepita sehnt sich doch in ihre alte Umgebung zurück, sie will zu Madre Maria Del Pilar zurückkehren. „In der harten Schule dieser Einsamkeit"[6] im Hause der Marquesa hat Pepita ihre Angst den Anforderungen der Äbtissin nicht gerecht werden zu können, vergessen. Pepita sehnt sich „nach der geliebten Gestalt" von Madre Maria Del Pilar, „der einzigen Wirklichkeit in ihrem Leben."[7] So schreibt sie den Brief und bittet darin, zu ihr zurückkehren zu dürfen.

---

1) s.a. III.2.
2) „Pepita war von Madre Maria Del Pilar zu einer beinahe krankhaften Folgsamkeit erzogen worden" (S. 40)
3) S. 46
4) S. 31
5) Das zeigt sich auch an folgender Stelle: „machten sich die Dienstboten des Hauses Dona Marias Unpäßlichkeit zunutze; sie öffneten ihrer eigenen Sippschaft die Zimmer des Palais; sie stahlen ganz unbekümmert. Pepita trat ihnen, nur auf sich selbst angewiesen, entgegen,..."(S. 39)
6) S. 46
7) ebenda

Dieser Brief zeigt – aus erster Hand sozusagen – wichtige Charakterzüge Pepitas. Man erkennt ihre Demut und Bescheidenheit, man ist ergriffen von ihrere ergebenen Liebe zu der Äbtissin, „... aber das alles hat nichts zu bedeuten wenn ihr mich lieb habt und wünscht, daß ich bei ihr bleibe."[1]
„So ich Euch auch nicht sehe, denke ich Euer doch allezeit und bin all dessen eingedenk, was ihr zu mir gesprochen habt, meine liebe Mutter in Gott."[2]
Aber nachdem Pepita den Brief geschrieben hat, überlegt sie alles noch einmal und spürt, daß sie kleinmütig und herzlos gegen die Marquesa gehandelt hat. Pepita erkennt, daß in ihrem bisherigen Leben eine Tugend gefehlt hat: „Er war ... er war nicht ... mutig."[3] Sie kennt sich selbst nicht mehr, „Und es war ihr noch immer unbehaglich, weil sie auf solche Weise gesprochen hatte."[4]
Dieses Ereignis – über das Pepita sich selbst noch nicht im klaren ist – trägt entscheidend zur Wandlung der Marquesa bei.[5]
Eine weitere Entwicklung der beiden Frauen – die sicher aus verschiedenen Gründen interressant gewesen wäre – wird durch ihren plötzlichen Tod am nächsten Morgen verhindert.

Pepita:

S. 27, Z. 29-32	S. 36	S. 51
S. 28, Z. 17/18	S. 38	S. 131, Z. 30-33
S. 30, Z. 10, 19	S. 40	S. 134, Z. 23-33
S. 31	S. 45	S. 137, Z. 17-20
S. 32	S. 46	S. 138, Z. 24/25
S. 33	S. 47	S. 140, Z. 24-30
S. 34	S. 48	S. 141
S. 35	S. 50	

---

1) S. 47
2) ebenda
3) S. 50
4) ebenda
5) vgl. III.2. und III. 3.2.

4.5. Die Äbtissin Madre Maria Del Pilar

Ihre Religiosität/Das Verhältnis zu Esteban und Pepita/Ihre Entwicklung

Der Erzähler nennt die Äbtissin den „seltsamen guten Geist Limas."[1]

Madre Maria Del Pilar ist ohne Zweifel eine große Gestalt; ihre Werke der Nächstenliebe sind bedeutend, aber sie trägt gewissermaßen auch tragische Züge in sich. So sieht sie am Ende, daß ihr Werk nach ihrem Tod keinen Bestand haben wird, sieht ihren Ehrgeiz bestraft. „In der vergangenen Nacht hatte sie sich ein Idol aus dem Herzen gerissen, und das Ergebnis hatte sie bleich, aber nicht wankend gemacht. Sie hatte die Tatsache hingenommen, daß es nicht von Bedeutung war, ob ihr Werk fortbestünde oder nicht; es genügte, an dem Werk zu arbeiten. Sie war die Pflegerin, die die Kranken wartet, welche nie genesen; sie war der Priester, der stets von neuem die heilige Handlung vor einem Altar vollzieht, zu welchem keine Andächtigen kommen . . ."[2]

Zu Beginn der Handlung ist sie dagegen von einem fast naiven Optimismus, von einem selbstbewußten und unerschütterlichen Gottvertrauen erfüllt. Sie träumt von einer Zeit, in der die Frau eine bessere Stellung haben wird, und glaubt, durch ihr Werk etwas auf diesem Weg bewegen zu können. Der Erzähler sieht dies freilich nüchterner: „Zurückblickend aus unserem Jahrhundert, können wir die ganze Torheit ihrer Hoffnungen erkennen. Zwanzig solcher Frauen wäre es nicht gelungen, den geringsten Eindruck auf jenes Zeitalter zu machen. Sie harrte dennoch bei ihrer Aufgabe aus. Sie glich der Schwalbe der Fabel, die alle tausend Jahre einmal ein Weizenkorn herbeiträgt, in der Hoffnung, einen Berg aufzuschütten, um von ihm aus den Mond zu erreichen. Solche Menschen erstehen in jedem Zeitalter, sie beharren starrköpfig darauf, ihr Weizenkorn herbeizutragen, und sie gewinnen

---

1) S. 36
2) S. 134

eine gewisse Erhebung aus dem Gespött der Zuschauer. ,Wie wunderlich sie sich kleiden' rufen wir aus. ,Wie wunderlich sie sich kleiden!'"[1]

Die Äbtissin wird als eine begabte Frau geschildert, sie ist gütig, idealistisch, und hat die Fähigkeit, Menschen zu lenken. Sie kämpft um Spenden für ihr Werk, um Anerkennung und Unterstützung, und nimmt dabei auch den „Vatinianischen Haß[2] des Erzbischofs in Kauf. Doch Madre Maria Del Pilar fühlt auch ihr Alter und ihre schwindenden Kräfte und ist bemüht, ihr Werk in jüngere Hände abzugeben.

Ihre Beziehung zu Esteban und Pepita
Die Äbtissin liebt die drei Kinder (Esteban, Manuel, und Pepita), die in ihrem Waisenhaus aufgewachsen sind, wie eine Mutter.[3]
Zumindest ihre Liebe zu Pepita ist jedoch nicht ganz uneigennützig, was sie nach dem Unglück auch erkennt und bereut: „ ,Meine Zuneigung hätte mehr von dieser Tönung haben sollen, Pepita. Mein ganzes Leben hätte mehr von dieser Eigenschaft haben sollen. Ich bin zu geschäftig gewesen', fügte sie reuevoll hinzu, und ihre Gedanken verloren sich im Gebet."[4] Madre Maria Del Pilar hatte Pepita – um sie zu ihrer Nachfolgerin zu erziehen – oft zu streng behandelt und keine Rücksicht auf deren Schwächen und Ängste genommen, sie „hatte da Mißbrauch getrieben."[5]
Auch ihre Liebe zu den beiden Zwillingen bereitet ihr viel Sorgen und Zweifel. Nach dem Tod seines Bruders kann selbst die Äbtissin dem verzweifelten Esteban nicht helfen.

Für einen Moment ist der starke Glaube der Madre Maria Del Pilar erschüttert, und sie verliert sich in Selbstanklagen, „Ich habe um Weis-

---

1) S. 37; Diese Stelle erlaubt auch interessante Rückschlüsse auf die Gestalt des Erzählers. Es handelt sich dabei um einen auktorialen Erzähler, „zurückblickend aus unserem Jahrhundert", der den Idealismus der Äbtissin ziemlich ernüchtert betrachtet, und ihr doch seinen Respekt nicht verwehren kann.; vgl. dazu auch: III. 3.1.1. und III. 3.1.2.
2) S. 58;
3) vgl. III. 4.6., und III. 4.4.
4) S. 134
5) S. 46

heit gebeten. Es hat dir nicht gefallen, mir die geringste Gnade zu erweisen. Ich bin bloß ein Scheuerweib ..."[1]

Madre Maria Del Pilar nach dem Einsturz der Brücke von San Luis Rey/Ihre Entwicklung

Schmerzhaft muß die Äbtissin die Vergänglichkeit aller Dinge erkennen, nachdem ihre Kinder tot sind; sie ist zutiefst erschüttert. Darüberhinaus erkennt sie, daß ihr Werk keinen Bestand haben wird.

Doch trotzdem resigniert Madre Maria Del Pilar nicht, sie hat auch erkannt, daß es genügt, an dem großen Werk zu arbeiten, ohne alles gleich erreichen zu wollen, ohne auch sich selbst und die eigenen Anstrengungen zu wichtig zu nehmen.

Die Reue über ihr Verhalten Pepita gegenüber trägt zu ihrer Wandlung bei. Ein weiterer Anstoß ist der überraschende letzte Brief der Marquesa De Montemayor, den Dona Clara ihr bei ihrem Besuch zeigt. „‚Nun lerne', gebot sie sich selbst, ‚lerne endlich, daß du überall der Gnade gewärtig sein magst!' Und wie ein Mädchen wurde sie von Glückseligkeit erfüllt bei diesem neuen Beweis, daß sich die Zeichen dessen, wofür sie lebte, allüberall fanden, daß die Welt bereit war."[2]

Madre Maria Del Pilar ist nun allein und denkt nach, über alles Geschehene und über das Wesen der Liebe. Ihre Gedanken – die man als Aussage des Buches verstehen kann – stehen am Schluß: „Doch die Liebe wird genug gewesen sein; alle diese Regungen von Liebe kehren zurück zu der einen, die sie entstehen ließ. Nicht einmal eines Erinnerns bedarf die Liebe. Da ist ein Land der Lebenden und ein Land der Toten, und die Brücke zwischen ihnen ist die Liebe – das einzige Bleibende, der einzige Sinn."[3]

---

1) S. 77
2) S. 139
3) S. 141

Stellen, an denen von der Äbtissin gesprochen wird:

S. 35, Z. 31-33	
S. 36	
S. 37	
S. 38	Charakter/Verhältnis zu Pepita
S. 39	
S. 40, Z. 5ff.	
S. 46	
S. 55	
S. 74, Z. 19-33	
S. 75	Charakter/Verhältnis
S. 76, Z. 24-33	zu Manuel und Esteban
S. 77, Z. 1-16	
S. 82, Z. 9ff.	
S. 134, Z. 13ff.	
S. 136	
S. 137	Madre Maria Del Pilar
S. 138	nach dem Unglück
S. 139	von San Luis Rey
S. 140	
S. 141	

4.6. Esteban und Manuel

Die beiden Waisenkinder wurden eines Tages von der Äbtissin Madre Maria Del Pilar vor der Tür ihres Klosters gefunden.[1] Dort wachsen Manuel und Esteban zu schweigsamen, in sich gekehrten Männern heran; auch die Geheimsprache, die sie als Kinder erfinden und untereinander benutzen, deutet auf ihre Zurückgezogenheit hin. Aber sie zeigt noch mehr: die Zwillinge lieben einander wie keinen anderen, außenstehenden Menschen sonst, „Diese Geheimsprache war das Sinnbild des tiefwurzelnden **Sicheinsfühlens der beiden.**"[2]

Man hat im Umgang mit Manuel und Esteban oft das Gefühl, es mit einem gleichempfindenden, das Gleiche denkenden Wesen zu tun zu haben, das nur durch eine Laune der Natur in zwei Körpern erscheint. „Die Brüder waren sich dessen kaum bewußt, aber Telepathie war eine ganz gewöhnliche Erscheinung in ihrem Leben."[3]

Im Gegensatz zu dieser Liebe steht die Umgebung, die Außenwelt, der die beiden unsicher gegenüberstehen, „Die ganze Welt war fern und fremd und feindlich, mit Ausnahme des Bruders."[4]

Entwicklung

Als Manuel sich verliebt, wird dieses Verhältnis der beiden zum ersten Mal getrübt. Aus Rücksicht auf seinen Bruder verzichtet Manuel zwar auf Perichole (und die Liebe zu einer Frau im allgemeinen), er kann ihm dies aber nicht verzeihen und beginnt, Esteban dafür zu hassen. Die im Fieberwahn herausgeschrieenen Verwünschungen des Bruders, und Manuels Tod verändern entscheidend den Charakter und das Leben von Esteban.

Nach dem Tode Manuels

Der Tod Manuels – seiner anderen Hälfte – trifft Esteban im Innersten.

---

1) s. a. III. 2.
2) S. 57
3) S. 58
4) ebenda

Ohne den Bruder scheint ihm ein Weiterleben nicht möglich, halb verrückt vor Trauer und Schmerz zieht er sich noch weiter von den Menschen zurück. Hinzu kommt noch das Gefühl, schuldig zu sein am Tode des Bruders.

So antwortet er auf die Frage der Äbtissin, welcher von den beiden er sei:[1] „Manuel!" Hier zeigt sich sein Wunsch, dem Bruder weiteres Leben zu ermöglichen; es zeigt auch die enge Verbundenheit der Brüder, die man nicht durch zwei Namen, zwei Charaktere trennen kann.

Trotz aller Versuche seitens der Äbtissin und Kapitän Alvarados[2] ist Esteban nicht mehr ins Leben zurückzuholen. Zwar zeigt sich, daß er auch fähig ist, andere Menschen als seinen Bruder zu lieben, wenn er die Äbtissin beschenken will. Doch Esteban kann die Verzweiflung und Leere nicht überwinden; seine Todessehnsucht gipfelt schließlich in einem Selbstmordversuch.

Dies geschieht aber erst am Ende einer Entwicklung. Seine religiösen Vorstellungen (von Madre Maria Del Pilar vermittelt) hatten bis jetzt solche Gedanken nicht aufkommen lassen. So sucht Esteban den Tod, ohne sich selbst umzubringen: er stürzt sich in ein brennendes Haus, um jemanden zu retten. Seine Hoffnung, selbst dabei sein Leben zu lassen, erfüllt sich nicht. „. . .‚man darf sich nicht töten! Ihr wißt, daß man das nicht darf? Jederman weiß das. Aber sich in ein brennendes Haus hineinstürzen, um jemand zu retten, das heißt doch nicht sich töten?' . . ."[3]

Schließlich spült die Verzweiflung alle religiösen Skrupel Estebans fort. Esteban ist kein starker Charakter, das zeigt sich hier, der Tod seines Bruders hat ihn vollkommen aus der Bahn geworfen, und er versucht sich aufzuhängen. Als der Selbstmord durch Kapitän Alvarado verhindert wird, bricht Esteban völlig zusammen. „‚Geht! Geht!' schrie

---

1) Auch Madre Maria Del Pilar, die die beiden Zwillinge wie eine Mutter aufgezogen hat, kann sie nicht auseinanderhalten. (S. 75)
2) s.a. III. 4.10.
3) S. 81

Esteban. 'Laßt mich! Was kommt ihr hier herein?' Er warf sich zu Boden. 'Ich bin allein, allein, allein!' schrie er."[1]

Am nächsten Morgen stirbt Esteban beim Einsturz der Brücke von San Luis Rey.

Stellen, an denen von Manuel und Esteban gesprochen wird:

Der ganze dritte Teil des Buches, der mit „Esteban" überschrieben ist, erzählt die Geschichte der beiden Brüder.

Sonst werden sie nicht erwähnt, nur Madre Maria Del Pilar denkt am Ende des Buches an sie.

4.7. Perichole

Pericholes Leben wird hauptsächlich im vierten Teil des Romans, der ihrem väterlichen Freund Onkel Pio und Don Jaime gewidmet ist, erzählt.[2]

Vor dem Unglück

Perichole ist eine bekannte Persönlichkeit. Als gefeierter und berühmter Schauspielerin lag ihr, im Zenit ihrer Karriere, ganz Lima zu Füßen. Ihr Charakter ist – vor der Entwicklung[3] – schwierig, sie sieht oft nur sich selbst und verachtet andere Menschen. So macht sie sich auch auf der Bühne über die schlampige Erscheinung der Marquesa De Montemayor lustig, „Die maliziöse Schauspielerin hatte die Marquesa die Loge betreten sehen und begann nun Strophen zu improvisieren, die auf ihr Äußeres anspielten, ihren Geiz, ihre Trunksucht und sogar auf die Flucht der Tochter von ihr."...[4]

Deren Reaktion aber – Perichole muß sich auf Befehl des Vizekönigs

---

1) S. 84
2) s.a. Zusammenfassung des Handlungsverlaufs III. 2.; zu Onkel Pio s. III. 4.8.
3) Die Entwicklung ihres Charakters beginnt ungefähr mit ihrer Krankheit und wird durch den Tod ihres Sohnes und Onkel Pios beim Einsturz der Brücke von San Luis Rey vollendet. Am Ende ist aus der gefeierten und umschwärmten Perichole die demütige Helferin von Madre Maria Del Pilar geworden.
4) S. 28

persönlich bei der Marquesa entschuldigen – erschüttert zum ersten Mal die gedankenlose Selbstsicherheit der Schauspielerin und läßt sie nachdenken. „Die Perichole ging verstört nach Hause und saß lange Zeit vor ihrem Spiegel und starrte sich in die Augen, die Hände an die Wangen gepreßt."[1]

Am Ziel ihrer Träume angelangt, ist Perichole die Geliebte des Vizekönigs, der Mittelpunkt der Gesellschaft; nun braucht sie nicht mehr zur Bühne zu gehen, die sie, wie es scheint, immer verachtet hat.[2] Auch Onkel Pio kann sie nicht umstimmen; Perichole behandelt ihren treuen Freund und Ratgeber verächtlich und voll Grausamkeit.

Doch ihr Leben ist nicht glücklich.

Als Perichole schließlich krank wird, zieht sie sich in ein einsames Haus zurück und empfängt keine Besucher mehr. Ihr Gesicht ist entstellt, und es scheint ihr unmöglich, daß jemand sie um ihrer selbst willen lieben könnte. „Das Leben ist zu furchtbar, um es zu ertragen. Wann werde ich sterben dürfen?"[3]

Auch Onkel Pio darf die Verbitterte nicht besuchen. Als er es doch tut, ist Perichole zunächst ungehalten, aber dann bereut sie.

Eine Wandlung geht mit ihr vor.

Nun zeigt sich – wie zuvor auch bei der Marquesa –, daß Perichole im Grunde kein schlechter Mensch ist. Doch noch will sie sich mit Onkel Pio nicht versöhnen, noch sind ihr Stolz und Starrsinn zu stark.

Nach dem Unglück

Am folgenden Tag sterben beim Einsturz der Brücke von San Luis Rey auch Onkel Pio und Don Jaime, der kleine Sohn von Perichole.

---

1) S. 35
2) „Ich blicke mit Abscheu auf das Theater zurück, verstehst du? Das Theater, wahrhaftig das Theater! Der tägliche Lohn von Beleidigungen in diesem ekelhaften Getriebe!"; (S. 114)
3) S. 122

Bis ins Innere ihres Herzens ist Perichole erschüttert, als sie die schreckliche Nachricht erfährt, „Ihr Herz war von Bestürzung und Verwunderung erfüllt."[1]

Das Bewußtsein, gefehlt zu haben, schmettert sie nieder, die schreckliche Erkenntnis, daß eine Versöhnung mit Onkel Pio nun unmöglich geworden ist, daß er ihres Zornes eingedenk gestorben ist, und daß sie nie wieder mit ihm sprechen kann. Dies wird ihr nach und nach bewußt. „'Alle lasse ich sie im Stich!' Sie kehrte auf ihr Landgut zurück und schleppte ein Jahr die Stimmung dieses An-sich-selbst-Verzweifelns mit sich."[2]

Perichole ist nicht mehr die Alte.

Ihre Entwicklung findet ihr Ende in den Siechenhäusern der Äbtissin Madre Maria Del Pilar; von nun an opfert Perichole sich für die Kranken auf. „'Ich war die Schauspielerin, die Perichole.'"[3]

Am Schluß des Buches ist auch die Verwandlung der Perichole beendet: „... kam gleich darauf mit einer ihrer Helferinnen zurück, einer, die gleichfalls in die Geschichte von der Brücke verwickelt und früher einmal Schauspielerin gewesen war."[4]

Ein weiteres Menschenleben hat durch das Unglück von San Luis Rey eine ganz neue Richtung genommen. Diese Auswirkungen auf die Hinterbliebenen werden vielleicht nirgendwo so deutlich, wie in der Gestalt und Wandlung der Perichole.[5]

---

1) S. 135
2) S. 136
3) ebenda
4) S. 140
5) Äußeres Anzeichen für diese Wandlung ist auch die Änderung ihres Namens. „Ich war die Perichole", von nun an erscheint sie nur noch unter ihrem Taufnamen, als Camilla. Man fühlt sich an die Wandlung von „Abram" zu „Abraham" oder von „Saulus" in „Paulus" erinnert.

Stellen, an denen Perichole im Roman vorkommt:

S. 26, Z. 31-33	
S. 27	
S. 28	
S. 29	Die Episode mit der
S. 30	Marquesa De Montemayor
S. 31	
S. 32	
S. 33	
S. 34	
S. 35, Z. 28-31	

S. 59, Z. 17-33	
S. 60	
S. 61	
S. 62	Ihre Beziehung zu
S. 63	Manuel und zu ihren
S. 64	Liebhabern (Vizekönig,
S. 65	Torero usw.)
S. 66	
S. 67	
S. 68	
S. 69, Z. 3-21	
S. 71, Z. 11-16	

Vierter Teil	
„Uncle Pio; Don Jaime", –	Verhältnis zu Onkel Pio,
S. 87-123	
darin:	zum Vizekönig und
S. 104	zum Erzbischof
S. 105	
S. 107	
S. 135	
S. 136	Perichole nach dem
S. 137	Unglück/Madre
S. 140, Z. 10-14	Maria Del Pilar

4.8. Onkel Pio

Onkel Pio ist ein liebenswürdiger Charakter.

Die Marquesa De Montemayor hat ihn liebgewonnen, sie bezeichnet Onkel Pio in einem Brief an ihre Tochter als den „zweitreizendsten Mann der Welt."[1] und sagt weiter von ihm: „Seine Unterhaltungsgabe ist bezaubernd."[2] Im gleichen Brief schränkt die Marquesa diese positive Bewertung aber wieder ein. Sie würde Onkel Pio gerne zu ihrem Sekretär machen, aber das sei unmöglich, so schreibt sie, er sei nämlich „angefault von Krankheit und schlechter Gesellschaft,"[3] ja sie vergleicht ihn gar mit einem Spiel abgegriffener Karten.

Onkel Pio hatte stets ein abenteuerliches Leben geführt, seit er – ein uneheliches Kind –, von Zuhause weggelaufen war. Der Erzähler schreibt ihm „die sechs Kennzeichen des echten Abenteurers" zu: „ein Gedächtnis für Namen und Gesichter, verbunden mit der Fähigkeit, die seinen zu verändern; Zungengewandtheit, unerschöpfliche Erfindungsgabe und Verschwiegenheit; die Gabe, mit Fremden ins Gespräch zu kommen; und eine Gewissenlosigkeit, die seiner Verachtung für die von ihm ausgebeuteten Reichen entsprang."[4]

Onkel Pio führt ein freies ungebundenes Leben, er ist niemandem verantwortlich; und man kann wohl zurecht annehmen, daß er in dieser Zeit glücklich ist. Und doch fehlt etwas in seinem Leben, ohne daß er sich dessen ganz bewußt ist, – die Liebe zu einem anderen Menschen. „Liebe" bedeutet für Onkel Pio wir für Manuel – bevor sie Perichole kennenlernen – das gleiche: „... Liebe (wenn wir das Wort hier in einem bestimmten Sinn verstehen wollen); für die trug er sein Geld in dunklere Stadtteile ..."[5]

---

1) S. 88
2) ebenda
3) ebenda
4) S. 90/91
5) S. 93

Und es sagt einiges über Perichole, daß durch sie sowohl Onkel Pio als auch Manuel die andere Liebe kennengelernt haben.

Onkel Pio wird mit der Zeit berühmt, und sogar der Vizekönig bedient sich schließlich seinens Rates.[1)]

Als er die zwölfjährige Perichole entdeckt, die in einem Café singt, deutet noch nichts auf die Veränderungen hin, die dieses Mädchen mit der Zeit bei Onkel Pio auslösen wird. Er nimmt sich ihrer an und gibt ihr Unterricht, und sie bleiben zusammen und reisen gemeinsam von Stadt zu Stadt, von Bühne zu Bühne. Camilla wird mit der Zeit immer schöner; sie liebt Onkel Pio. „Sie konnte keinen Fehler an ihm finden und war ihm in unbedingter Treue ergeben. Die beiden liebten einander innig, doch ohne Leidenschaft."[2)] Doch bald wird dieses enge Verhältnis überschattet. Onkel Pio will nicht, daß Perichole wegen ihrer Erfolge hochmütig wird, und deshalb findet er immer etwas an ihr zu kritisieren. Perichole aber kann diese ständigen Nörgeleien nicht ertragen, sie beschimpft ihn: „Ich wollte, ich hätte dich nie gekannt! Du vergiftest mein ganzes Leben."[3)]

Wie Madre Maria Del Pilar in ihrer Liebe zu viel von Pepita erwartet,[4)] so verlangt Onkel Pio auch zu viel von Perichole. Seine Liebe erhöht sie zum Ideal; Fehler und Schwachheiten der Perichole passen nicht in dieses Bild. Diese Liebe Onkel Pios ist für Perichole schmerzhaft, sie engt sie ein. Für einen Menschen ist es nicht möglich, den überhöhten Anforderungen des liebenden Onkel Pio gerechtzuwerden (wie auch dnen der Marquesa und der Äbtissin!). „Nur Vollkommenheit genügt, einzig Vollkommenheit."[5)]

Dadurch treibt Onkel Pio Perichole in seichte Liebschaften; sie sucht Bestätigung, Bewunderung für ihre Schönheit, ihren Körper.

---

1) s.a. III. 2. und III. 4.11.1.
2) S. 96/97
3) S. 98
4) (oder die Marquesa von ihrer Tochter)
5) S. 99

Als Perichole mit dem Vizekönig ein Verhältnis beginnt, ist Onkel Pio zum ersten Mal beunruhigt, „Er hätte es bei weitem vorgezogen, wenn sie sich auch fernerhin ihre kleinen vulgären Liebschaften aus der Requisitenkammer des Theaters geholt hätte."[1]

Wie die Liebe der Äbtissin zu Pepita, oder die der Marquesa zu ihrer Tochter, wie die Estebans zu Manuel, ist auch die Liebe des sonst so überlegenen Onkel Pio nicht selbstlos, er fühlt, wie Perichole ihm entgleitet, und das erfüllt ihn mit bisher nicht gekanntem Schmerz. Perichole ist für Onkel Pio „das große Geheimnis und der Sinn seines Lebens."[2]

Immer hatte Onkel Pio Liebe gleich Leid gesetzt, jetzt ist er ihr selbst auf Gedeih und Verderb verfallen.

Onkel Pio verliert Pericholes Liebe mehr und mehr. Zuerst will sie, die berühmte Dame der Gesellschaft – die sie nun dank der Gunst des Vizekönigs geworden ist – nicht mehr mit ihm gesehen werden, schließlich darf er sie überhaupt nicht mehr besuchen.

Onkel Pio leidet, aber er gibt nicht auf, immer wieder sucht er Pericholes Nähe. Eines Abends treffen sie sich im Französischen Garten. Zuerst scheint sich das Gespräch zur Katastrophe zu entwickeln, doch dann gewinnt die Liebe der beiden die Oberhand. „Verzeih mir, Onkel Pio, daß ich so schlecht bin ..."[3]

Auch Onkel Pio sieht seinerseits ein, daß er Perichole schlecht behandelt hat, daß seine Liebe zu egoistisch und besitzergreifend gewesen ist, „Herrliche Camilla, ich war nicht gerecht gegen dich."[4]

Die Liebe Onkel Pios hat sich verändert, und sie hat ihn verändert, aus dem liebenswürdigen – aber oft auch rücksichtslosen – Draufgänger von einst, ist ein empfindsamer, vorsichtig tastender Mensch geworden.

---

1) S. 104
2) S. 108
3) S. 115
4) ebenda

„Ich liebe dich doch, Camilla, wie ich dich stets lieben muß, und mehr als ich sagen kann. Dich gekannt zu haben, ist genug für ein ganzes Leben."[1)]

Perichole bittet ihn gerührt, ihr zu verzeihen, und entflieht dann, und Onkel Pio ist glücklich.

Als Perichole schließlich, durch Krankheit entstellt, verbittert und zurückgezogen lebt, wird Onkel Pios Liebe noch größer. Die schöne und gefeierte Schauspielerin, und die umworbene Dame der Gesellschaft, gehört der Vergangenheit an; aber Onkel Pio liebt Perichole längst um ihrer selbst willen. Er ist reifer geworden, seine Liebe selbstlos, „Er liebte sie nur desto mehr."[2)]

Auch alle Beschimpfungen der Verzweifelten können Onkel Pio nun nicht mehr von ihr fernhalten. Schließlich überläßt sie ihm auf sein Bitten und nach langem Zögern, Don Jaime, ihren Sohn, für ein Jahr, damit er für seine Erziehung sorge.

Dies ist ein schmerzhafter Tag für alle. Onkel Pio weiß, daß er Perichole wehgetan hat und sie so bald nicht wiedersehen wird; Don Jaime wird von seiner Mutter getrennt; und Perichole bleibt einsamer denn je zurück. Es ist der Tag des Unglücks von San Luis Rey.

Onkel Pio – Don Jaime auf der Schulter – trifft an der Brücke seinen Freund Kaptitän Alvarado, der dann zurück bleibt, um das Verladen von Waren zu überwachen, und so verschont bleibt. Dann treffen sie die Marquesa, die ebenfalls mit Pepita im Begriff ist, die Brücke zu überqueren; irgendwo muß auch Esteban sein; und so stirbt Onkel Pio nicht allein.

---

1) S. 116
2) S. 119

Stellen, an denen Onkel Pio im Buch erwähnt wird:

S. 27, Z. 16-24

Part Four, Uncle Pio; Don Jaime,

S. 87-124

S. 135, Z. 13-19
Z. 28-31
S. 141, Z. 5/6

4.9. Don Jaime, Pericholes kleiner Sohn

Don Jaime ist ein ernster kleiner Junge (zum Zeitpunkt des Unglücks sieben Jahre alt), er leidet an epileptischen Anfällen. Als Sohn des Vizekönigs und der Perichole bleibt er bei seiner Mutter, auch nachdem sie den Hof verlassen hat. „Er war so schön, daß die abgedroschenen Mitleidsphasen in seiner Gegenwart verstummten, und langes Nachdenken über sein Ungemach hatte seinem Gesicht eine geduldige und befremdende Würde verliehen."[1)]

Don Jaime ist, nach der Marquesa De Montemayor, Pepita, Esteban, und Onkel Pio, das fünfte Opfer des Einsturzes der Brücke von San Luis Rey.

Stellen, die von Don Jaime handeln:

S. 109, Z. 15/16
S. 110, Z. 13/14
S. 111, Z. 10-33
S. 112, Z. 1-5
S. 117, Z. 4/5
S. 122
S. 123
S. 124

---

1) S. 111

4.10. Kapitän Alvarado

Um ein Haar wäre Kapitän Alvarado – ein Begleiter des lebensmüden Esteban – ebenfalls unter den Opfern des Unglücks gewesen.[1)]

Alvarado ist ein einfacher und tatkräftiger Mann, er ist allseits geachtet und beliebt. Seine Erfahrungen und Erlebnisse als weitgereister Mann machen ihn überall zu einem willkommenen Gesprächspartner.

Onkel Pio führt den sonst eher scheuen Kapitän Alvarado am Hof ein; und der Vizekönig und der Erzbischof verbringen lange, unterhaltsame Abende mit den beiden. „Die ganze Nacht hindurch redeten sie und trösteten insgeheim ihre Herzen, die sich stets nach Spanien sehnten, und sagten einander, daß solch ein Symposium dem Wesen der hochfliegenden spanischen Seele entspreche."[2)] Die Vier sind sich in vielem ähnlich, auch verbunden durch ihre Sympathie gegenüber Perichole, die an vielen dieser Abende teilnimmt.

Entscheidend für die Handlung von "The Bridge of San Luis Rey" ist aber vor allem das Verhältnis Kapitän Alvarados zu Esteban. Auch Alvarado hatte einmal einen schweren Verlust hinnehmen müssen, seine geliebte Tochter war gestorben.[3)] So scheint er Madre Maria Del Pilar der geeignete Mann zu sein, den nach dem Tode seines Bruders verzweifelten Esteban zu trösten. Alvarado und die Zwillinge hatten sich seit einer Zeit gemeinsamer Arbeit gekannt und schätzten einander.

Kapitän Alvarado ist Esteban gegenüber sehr behutsam, und er scheint Erfolg zu haben. Er tut wie immer – so als wüßte er nichts von Manuels Tod und den Depressionen des Bruders –, als er Esteban wie zufällig in einer Wirtschaft trifft. Alvarado ist ein empfindsamer Mensch,

---

1) s.a. III. 2. und III. 4.6.
2) S. 107
3) Die Marquesa erwähnt dies in einem ihrer Briefe; Alvarado sagt da: „'Manchmal will es mir scheinen, sie sei fern von mir auf einer Reise, und ich werde sie wiedersehen...'" (S. 78)

wegen seines eigenen Verlustes kann er den Schmerz des anderen nachfühlen. Esteban hat seinerseits Vertrauen zu Kapitän Alvarado und schüttet ihm sein Herz aus, er gesteht ihm, daß er den Tod sucht,[1] und erzählt auch von seiner Liebe zu Madre Maria Del Pilar. Die beiden kommen überein, daß Esteban wieder für Kapitän Alvarado arbeiten soll.

Als Alvarado am Abend den betrunkenen Esteban ins Bett bringt, hört er wieder die Stimme seiner Tochter, „... die zum tausendsten Mal sagte: 'Bleib nicht zu lange fort. Aber wenn du wiederkommst, werde ich schon ein großes Mädchen sein.'"[2] Alvarado hat den Verlust nie verwunden und wird durch diese ähnliche Situation wieder an seine Tochter erinnert.

Am Morgen muß er wieder seine ganzen Überredungskünste aufbringen, um Esteban, der es sich inzwischen anders überlegt hat, erneut zu überreden, mitzukommen. Aber Esteban tut nur so, als sei er einverstanden, und als er allein ist, versucht er sich umzubringen. Kaptiän Alvarado zögert einen Moment, den schon Bewußtlosen wieder ins Leben zurückzuholen,[3] „'Vielleicht ist's das beste,' sagte er sich. 'Vielleicht sollte ich ihn in Ruhe lassen. Vielleicht ist's das einzig Mögliche für ihn.'"[4]

Doch dies bleiben bloß Gedanken; die Liebe zu Esteban läßt Kapitän Alvarado keine andere Möglichkeit als zu handeln. Alvarado ist genauso verzweifelt wie der wiedererwachende Esteban und weiß nicht, was er diesem sagen soll.

„'Wir müssen weiter, so gut es geht, Esteban. Es ist nicht für lange, weißt du. Die Zeit bleibt nicht stehen. Du wirst staunen, wie rasch die Zeit vergeht.'"[5]

---

1) vgl. III. 4.6.
2) S. 82/83
3) Nachdem er durch Geräusche auf den Selbstmordversuch aufmerksam geworden ist.
4) S. 84
5) ebenda

Ein „Grundkurs", die Kunst der Interpretation zu erlernen und zu verstehen. Anhand von zahlreichen durchgeführten Interpretationen ist dies Büchlein ein unentbehrliches Hilfsmittel für Schüler und Lehrer.

Wie interpretiere ich Gedichte und Kurzgeschichten?

von Edgar Neis

DM 18,80

Aus dem Inhalt:

Was ist ein Gedicht? – Weg und Ziel der Gedichtinterpretation – Metrum und Rhythmus – Übersicht über die metrischen Grundformen – Die Sprachmelodie – Die freien Rhythmen – Die Sprachbilder – Die moderne Lyrik

Was ist eine Kurzgeschichte? – Wesen, Bedeutung, Gestaltung, Aussage der Kurzgeschichte – Sinndeutung – Wie interpretiere ich eine Kurzgeschichte/Leitlinien.

Lyrik und Kurzprosa seit der Jahrhundertmitte

1. Ende und Neubeginn: Die Lyrik nach Benn und Brecht
2. Von der Kurzgeschichte zur Kurzprosa.

Wie interpretiere ich ein Drama?

von Edgar Neis

– Methoden und Bespiele –

DM 18,80

Erstbegegnungen mit dramatischen Formen – Methode des Interpretierens – Wege zur Erschließung und Analyse eines Dramas.

Arbeit am Detail: Titel, Personen, Handlung, Aufbau, Sprache Realisation, Bühnengestaltung, Regieanweisungen, sozio-kulturelle und historische Einordnung usw.

Modellinterpretationen – Zur. Theorie des Dramas – Literaturverzeichnis

Marke
bitte nicht
vergessen!

Werbeantwort

An den

C. Bange Verlag

Postfach 1160

D-8607 Hollfeld/Ofr.

Esteban stirbt noch am gleichen Tag beim Einsturz der Brücke; aber Kapitän Alvarado lebt weiter. Wieder hat er einen ihm teuren Menschen durch den Tod verloren, Estebans Tod geht ihm sehr nahe. Und nicht nur dies – vor seinen Augen stirbt auch sein Freund Onkel Pio![1)]

Jahre später hilft Alvarado Bruder Juniper bei dessen Untersuchung, auch er ist daran interressiert, endlich einen Sinn für das Geschehene zu finden.

Zunächst bleibt jedoch Verzweiflung, die erst nach und nach im Alltag verrschwinden wird.[2)]

Kapitän Alvarado ist über den prunkvollen Trauergottesdienst für die Opfer verärgert. Es spricht für seinen aufrichtigen Charakter, daß er die Gleichgültigkeit der versammelten Gesellschaft erkennt, in der nur hin und wieder wirkliche Trauer vorkommt.[3)]

Noch hat er seinen Frieden nicht wiedergefunden. Im Gegensatz zu den meisten anderen Hauptfiguren des Buches hat das Unglück sein Leben und seinen Charakter – bis zum Ende der Handlung – nicht positiv verändert. Kapitän Alvarado bleibt allein, er kann den erneuten Schicksalsschlag nicht verkraften und sehnt sich, tot zu sein.

„'Glücklich sind die Ertrunkenen, Esteban.'" ruft er, ins klare Wasser blickend, Esteban – und den anderen – nach.[4)]

Dies bleibt das letzte, was der Leser von Kaptiän Alvarado erfährt. Die Gestalt des Alvarado ist auch eine tragische.

---

1) (und auch die Marquesa und Perichole, die Alvarado beide gekannt hat)
2) „Die Zeit bleibt nicht stehen." (s. Anm. 1)
3) „Er blickte über die Felder schwarzer Haare und schwarzer Spitzen auf die Parade der Kerzen und die Taue von Weihrauch. 'Wie falsch, wie unwirklich,' sagte er und schob sich wieder hinaus." (S. 134)
4) S. 134

Stellen, an denen Kapitän Alvarado erwähnt wird:

S. 77, Z. 12-33	S. 83
S. 78	S. 84
S. 79	S. 107, Z. 7-33
S. 80	S. 124, Z. 4/5
S. 81	S. 132, Z. 5-7
S. 82	S. 134, Z. 4-12

4.11. Vizekönig und Erzbischof

4.11.1. Der Vizekönig

Der spanische Vizekönig von Peru, Don Andrés De Ribera ist ohne Zweifel eine imposante Persönlichkeit („sein Gesicht und Gehaben hätten ihn befähigt, Götter und Helden auf der Bühne zu verkörpern.").[1] Er ist ein Mann, der sehr unter der Abgeschiedenheit und Ferne von Spanien leidet. So bemüht Don Andrés sich, das kaum erträgliche Heimweh zu mindern, die Langeweile[2] zu überwinden, indem er Spanien nach Peru holt. Die Residenz und das Zeremoniell bei Hofe werden wie in Spanien gestaltet; alles Kulturelle – sofern es nur aus der Heimat kommt und an sie erinnert – hat unter der Herrschaft dieses Vizekönigs eine große Zeit.

Don Andrés De Ribera wird „das Überbleibsel eines entzückenden Menschen" genannt, „den die Freuden der Tafel und des Alkovens, eine Grandenwürde und zehn Jahre des Exils zerbrochen hatten."[3]

Der Vizekönig sehnt sich nach der Gesellschaft anderer Menschen; aber nur wenige können die Standesunterschiede überwinden und zu ihm aufklettern. Er liebt Perichole und die gemeinsamen Kinder, er

---

1) S. 103
2) „... ein Meer der Langeweile, so überwältigender Langeweile, daß sie einem Schmerz gleichkam – ..." (S. 102/103)
3) ebenda

genießt die abendlichen Gesprächsrunden mit dem Erzbischof, Onkel Pio und Kapitän Alvarado, die etwas Abwechslung in seinen öden Alltag bringen. Auf der anderen Seite verspielt der Vizekönig hin und wieder viel Geld, Summen, „mit denen man einen zweiten Escorial hätte erbauen können."[1] Auch ist er so in seine Standesdünkel befangen, daß er keine Beleidigung des Adels duldet und alles, was so aussieht, streng bestraft – selbst wenn es sich um Perichole handelt.[2]

Durch das Unglück von San Luis Rey verliert der Vizekönig nicht nur seinen kleinen Sohn, sondern auch Onkel Pio, seinen abendlichen Gesellschafter. Perichole hatte sich schon vorher – nach ihrer Krankheit – von ihm zurückgezogen. Sein Leben wird fortan noch einsamer verlaufen.

Am Tag des Trauergottesdienstes kniet der Vizekönig „krank und verstört unter dem fahnen- und federgeschückten Baldachin seiner Amtswürde."[3] Seine Gefühle an diesem Tag aber sind seltsam zwiespältig: „Er wußte, die Menge blickte verstohlen nach ihm und erwartete, daß er den Vater spiele, der seinen einzigen Sohn verloren hat. Er fragte sich, ob die Perichole wohl anwesend sei. Er war niemals gezwungen gewesen, so lange auszuharren, ohne zu rauchen."[4]

Auf eine Veränderung seines Charakters infolge des Unglücks – wie z. B. bei Perichole oder Madre Maria Del Pilar[5] – läßt sich aus diesen wenigen und vagen Bemerkungen nicht schließen.

---

1) Aussage der Marquesa (S. 111)
2) Die Demütigung Pericholes ist dem Vizekönig in diesem Fall gar nicht so unangenehm, hat er doch den (berechtigten) Verdacht, „daß sie ihn mit einem Matador, vielleicht sogar mit einem Komödianten betrüge..." (S. 29)
3) S. 133
4) S. 133/134
5) vgl. III. 4.7. und III. 4.5.

Stellen, an denen vom Vizekönig gesprochen wird:

S. 25, Z.25-33
S. 26, Z.1-8
S. 28, Z.30-33
S. 29, Z.1-28
S. 102, Z.33
S. 103
S. 104, Z.1-4
S. 107, Z.3-33
S. 109, Z.12-16
S. 110, Z.7-10
S. 111, Z.1-10
S. 117, Z.25-30, 33
S. 118, Z.1-3
S. 133, Z.30-33
S. 134, Z.1-4

4.11.2. Der Erzbischof

Der Erzbischof von Lima gehört ebenfalls der Aristokratie an. Zwar ist er ein frommer Mann, der seine geistlichen Pflichten liebt[1], aber er tut wenig oder nichts, um Mißstände zu beseitigen. Zwar ist er bestürzt darüber, „daß die meisten Priester Perus Schurken waren."[2], doch er schreitet nicht ein, weil er glaubt, „daß die Ungerechtigkeit und das Unglück in der Welt konstante Größen seien. . ."[3] Der Erzbischof ist auch wohl zu bequem, sich durch übermäßigen Pflichteifer Unannehmlichkeiten zu verschaffen. Die rührige Madre Maria Del Pilar, die nicht müde wird, für die Armen und Entrechteten einzutreten, ist ihm lästig. Ja mehr noch, er haßt sie mit einem „wie er ihn nannte, vatinianischen Haß und rechnete das Aufhören ihrer Besuche zu den Entschädigungen fürs Sterbenmüssen."[4]

---

1) „. . .liebte seine Kathedrale und liebte seine Pflichten; er war sehr fromm." (S. 105)
2) S. 106
3) ebenda
4) S. 38

Der Erzbischof ist ein gebildeter und den Künsten und Wissenschaften gegenüber aufgeschlossener Mann, er liebt Musik[1] und „dilettierte in Dialekten".[2]

Darüberhinaus ist er ein leidenschaftlicher Gourmet, der keinen Genuß der Küche ausläßt – ein Umstand, der für sein unförmiges, wenig respektables Äußeres verantwortlich ist.[3]

Oft sieht der Erzbischof dies mit Reue und bemüht sich, auf allen anderen Gebieten ein tugendhaftes Leben zu führen.[4]

Bei Hofe ist er angenehmer und gern gesehener Gesellschafter, zusammen mit dem Vizekönig, Onkel Pio und Kapitän Alvarado nimmt er an den Gesprächsrunden teil. Er bewundert die Perichole und zieht sich, als echter Freund, auch nach ihrer Erkrankung nicht von ihr zurück.

Nach dem Unglück von San Luis Rey wird der Erzbischof nur noch einmal erwähnt. Er nimmt ebenfalls an dem Trauergottesdienst teil; der Erzähler widmet ihm nur wenige Zeilen, die nichts über seine Seelenverfassung aussagen: „... Der Erzbischof, in seinen wundervollen und holzsteifen Gewändern eingeschlossen, schwitzte auf seinem Thron und lieh bisweilen sein Kennerohr den Feinheiten von Vittorias Kontrapunkt."[5]

Stellen, an denen der Erzbischof erwähnt wird:

S. 38, Z. 6-10
S. 57, Z. 6-27
S. 105
S. 106
S. 107
S. 117, Z. 25-33
S. 133, Z. 20-33

---

1) S. 133
2) So interessiert er sich für die Geheimsprache von Manuel und Esteban (S. 57); vgl. auch III. 4.6.
3) S. 105
4) „Und um sich zu bestrafen, führte er in jeder anderen Beziehung ein tugendhaftes Leben." (S. 105)
5) S. 133

5. Zitate

Eine Art Einleitung:

"And I, who claim to know so much more, isn't it possible that even I have missed the very spring within the spring?

Some say that we shall never know, and that to the gods we are like the flies that the boys kill on a summer day, and some say, on the contrary, that the very sparrows do not lose a feather that has not been brushed away by the finger of God."[1]

„Und ich", (der Erzähler) „der ich behaupte, so viel mehr zu wissen" (als Bruder Juniper), „– ist es nicht möglich, daß auch mir die wahre Triebkraft des Ganzen entgangen ist?
Manche sagen, es gebe kein Wissen für uns und wir seien den Göttern nichts anderes als Mücken, wie die Knaben sie haschen und töten an einem Sommertag; und manche wieder sagen, kein Sperling verliere ein Federchen, das ihm nicht hinweggestreift wurde von der Hand Gottes."[2]

Über die Briefe der Marquesa:

"Hers were the letters that in an astonishing world have become the text-books of schoolboys and the anthills of the grammarians."[3]

„Diese Briefe der Marquesa, sie sind in einer wunderlichen Welt zum Lehrbuch für Schulknaben und zum Ameisenhügel für Grammatiker geworden."[4]

Über den Sinn von Literatur (am Beispiel der Briefe der Marquesa an ihre Tochter):

"...the Conde delighted in her letters, but he thought that when he had enjoyed the style he had extracted all their richness and intention, mis-

---

1) p. 12
2) S. 14, Z. 19-27
3) p. 16
4) S. 21, Z. 5-7

sing (as most readers do) the whole purport of literature, which is the notation of the heart."[1]

„Der Conde" (der Schwiegersohn der Marquesa) „war von ihren Briefen entzückt, aber er vermeinte, sobald er sich an ihrem Stil ergötzt hatte, all ihren Reichtum und ihre Absicht ausgeschöpft zu haben, und ließ sich (nicht anders als die meisten Leser) just das entgehen, was der eigentliche Sinn der Literatur ist: die Notation des Herzens."[2]

„Style is but the faintly contemptible vessel in which the better liquid is recommended to the world."[1]

„Der Stil ist bloß das fast verachtenswerte Gefäß, worin der Welt der bittere Trank anempfohlen wird."[2]

Über die Äbtissin Madre Maria Del Pilar:

"The Abbess was one of those persons who have allowed their lives to be gnawed away because they have fallen in love with an idea several centuries before its appointed appearance in the history of civilization."[3]

„Die Äbtissin gehörte zu denjenigen Menschen, die sich in der Liebe zu einer Idee verzehren, Jahrhunderte vor deren vorbestimmtem Auftauchen in der Geschichte der Zivilisation."[4]

Über Manuel, der die Liebe entdeckt hat:

"He had lost the privilege of simple natures, the dissociation of love and pleasure. Pleasure was no longer as simple as eating; it was being complicated by love."[5]

---

1) p. 17
2) S. 22, Z. 1-8
3) p. 31
4) S. 36, Z. 24-27
5) p. 51

„Er hatte dieses Vorrecht einfacher Naturen eingebüßt: die Sonderung von Liebe und Wollust. Wollust war nicht länger etwas so Simples wie Essen und Trinken; sie wurde durch die Liebe etwas sehr Verwickeltes."[1]

Eine Abendstunde:

"It was the hour when the father returns home from the fields and plays for a moment in the yard with the dog that jumps upon him, holding his muzzle closed or throwing him upon his back."[2]

„Es war die Stunde, wann der Vater vom Feld heimkehrt und für einen Augenblick mit dem Hofhund, der an ihm emporspringt, spielt und ihm die Schnauze zuhält oder ihn auf den Rücken wirft."[3]

Die verzweifelte und gebrochene Perichole:

"Camilla stood still, confounded. To herself she said: 'Life is too fearful to bear. When may I die?'"[4]

„Camilla stand regungslos, betroffen. Zu sich selbst sprach sie: 'Das Leben ist zu furchtbar, um es zu ertragen. Wann werde ich sterben dürfen?'"[5]

Über Bruder Junipers Schwierigkeiten:

"The art of biography is more difficult than is generally supposed."[6]

„Die Kunst der Lebensbeschreibung ist schwerer, als gemeinhin angenommen wird."[7]

---

1) S. 60, Z.15-18
2) p. 100
3) S. 113, Z.29-29
4) p. 109
5) S. 122, Z.28-30
6) p.115
7) S. 131, Z.24/25

Der Tod Junipers:

„Even then, even then, there remained in his heart an obstinate nerve insisting that at least St. Francis would not utterly have condemned him, and (not daring to call upon a greater name, since he seemed so open to error in these matters) he called twice upon St. Francis, and leaning upon a flame he smiled and died."[1]

„Auch dann noch," (auf dem Scheiterhaufen) „auch dann noch verblieb in seinem Herzen eine widerspenstige Regung, die dabei beharrte, daß zumindest sein Schutzpatron ihn nicht völlig verdammt hätte, und er rief (weil er nicht wagte, einen größeren Namen anzurufen, da er in diesen Dingen so leicht einem Irrtum ausgesetzt zu sein schien) zweimal zum hl. Franziskus, und an eine Flamme gelehnt, lächelte er und starb."[2]

Zum Verständnis des Buches:

„But where are sufficient books to contain the events that would not have been the same without the fall of the bridge?"[3]

„Aber wo gäbe es Bücher genug, alle die Ereignisse aufzunehmen, die nicht dieselben gewesen wären ohne den Einsturz der Brücke?"[4]

Die Gedanken Madre Maria Del Pilars, mit denen das Buch schließt:

„But soon we shall die and all memory of those five will have left the earth, and we ourselves shall be loved for a while and forgotten. But the love will have been enough; all those impulses of love return to the love that made them. Even memory is not necessary for love. There is a land of the living and a land of the dead, and the bridge is love, the only survival, the only meaning."[5]

---

1) p. 117
2) S. 133, Z. 9-16
3) p. 121
4) S. 137, Z. 30-33
5) p. 124

„. . .Bald aber werden wir alle sterben, und alles Angedenken jener fünf wird dann von der Erde geschwunden sein, und wir selbst werden für eine kleine Weile geliebt und dann vergessen werden. Doch die Liebe wird genug gewesen sein; alle diese Regungen kehren zurück zu der einen, die sie entstehen ließ. Nicht einmal eines Erinnerns bedarf die Liebe. Da ist ein Land der Lebenden und ein Land der Toten, und die Brücke zwischen ihnen ist die Liebe – das einzige Bleibende, der einzige Sinn."[1)]

6. Interpretation

6.1. Worum geht es Thornton Wilder in "The Bridge of San Luis Rey"?

„In diesem Roman, einem humanistischen Glaubensbekenntnis, hat Wilder am reinsten verwirklicht, was er einmal als seine Aufgabe bezeichnet hat: die religösen Urprinzipien der Menschheit ohne Schulmeisterei künstlerisch darzustellen." Dieses Zitat aus „Kindlers Literaturlexikon" wird dem Leser als Klappentext der deutschsprachigen TB-Ausgabe geboten. Jede Interpretation muß zunächst überprüft und hinterfragt werden; worum geht es Wilder also in "The Bridge of San Luis Rey"?

Da ist ein plötzliches Ereignis, das grausam in das Leben von Menschen einschneidet. Ein Unglück, eine Katastrophe wie es sie täglich gibt, irgendwo auf der Welt. Da sterben Menschen einen plötzlichen, unvorbereiteten Tod. Willkürlich scheint die Wahl der Opfer; Menschen bleiben zurück, die geliebt haben und jetzt allein stehen.

Und immer wieder gibt es Menschen, die sich nicht zufrieden geben mit der Unerforschbarkeit des Schicksals. Sie suchen nach den Ursachen. Religiöse Menschen stehen oft vor einem solchen Zwiespalt; wie kann es, so fragen sie sich, einen gerechten Gott geben, und auf der anderen Seite Willkür und Schrecken? Die alte Frage nach dem Sinn

---

1) S. 141, Z. 7-16

des Leidens tritt auf, verbunden mit der übergreifenden nach dem Sinn allen menschlichen Lebens.

Bruder Juniper ist von seinem Glauben überzeugt; ein solches Unglück scheint ihm die Gelegenheit zu sein, eine göttliche Vorsehung rational und allgemeingültig zu beweisen. „'Warum geschah das just diesen fünfen?' fragte er sich."[1] Die Opfer des Brückeneinsturzes von San Luis Rey können einfach nicht – das ist Junipers Glaube – wahllos zusammengewürfelt sein, es muß Gründe geben, die ihren plötzlichen Tod rechtfertigen, und Juniper will sie finden.

Ein moderner Mensch – wie der Erzähler und der Leser („Du und ich..."[2]) – erschrickt bei solchen Gedanken, die er selbst soweit zurückgelassen hat. Man hat sich daran gewöhnt, Wissenschaft und Glauben streng zu trennen.

Ein solches Ziel, wie es Bruder Juniper hat, scheint vermessen und unsinnig; auch die Kirche hat ja seit längerer Zeit Abschied von „Gottesbeweisen" genommen.

So spart der Erzähler dieses Buches auch nicht mit Tadel und Spott für Juniper und sein Ziel. Er hat das gleiche Unglück vor Augen, aber seine Gedanken gehen einen anderen Gang. Der Erzähler will nicht die Aussagen von Religion allgemein beweisen, er will – zunächst einmal nur für sich und sein Leben – einen Sinn finden, einen Sinn für Leben, das oft Leiden bedeutet, der Willkür und den Naturgewalten ausgesetzt.

Zu Beginn des Buches stehen die zwei extremen Positionen: „Manche sagen es gebe kein Wissen für uns und wir seien den Göttern nichts anderes als Mücken, wie die Knaben sie haschen und töten an einem Sommertag; und manche wieder sagen, kein Sperling verliere ein Federchen, das ihm nicht hinweggestreift wurde von der Hand Gottes."[3]

---

1) S. 11
2) S. 12
3) S. 14

Der Erzähler interessiert sich für die Menschen, die sterben mußten, und für die, die überlebt haben. Wie sind sie mit ihrem Leben fertiggeworden, was haben sie daraus gemacht, wo haben sie einen Sinn gesehen? So erzählt er ihr Leben, ihre Schwächen, und die Veränderungen ihrer Charaktere, die eintreten.

Das Buch steht also nicht unter der vermessenen Frage Junipers: „Wie kann ich am besten meinen Glauben beweisen?", sondern eher unter den unsicheren, forschenden des modernen Menschen, für den der Erzähler hier beispielhaft steht: „Wie kann ich einen Sinn für mein Leben finden? Was haben Menschen vor mir für sich erkannt, wo haben sie Sinn gesehen? Kann ich daraus etwas lernen."

Und so läßt sich die Geschichte der mittleren Abschnitte durchaus als „Gegenuntersuchung" des Erzählers zu der Bruder Junipers verstehen.

Bei all diesen Menschen, das wird schon bald klar, hat die Liebe eine wichtige, ihr Leben bestimmende Rolle gespielt. Aber es ist nie – bis zum Einsturz der Brücke – eine selbstlose Liebe, betrachtet man nun die der Marquesa zu ihrer Tochter, die der Äbtissin zu Pepita, die Estebans zu Manuel, oder die Onkel Pios zu Perichole. So zeigt "The Bridge of San Luis Rey" auch die Schwierigkeit des Menschen, Liebe mitzuteilen, „all (die) Liebe..., welche nicht gelebt werden konnte."[1] Erst durch das Unglück geläutert, werden einige der Hinterbliebenen fähig, wirklich selbstlos zu lieben.

Sie haben die Liebe als Höchstes, als Sinn ihres Lebens erkannt, sei es nun Perichole, die von nun an in den Krankenhäusern arbeiten wird, oder Madre Maria Del Pilar, die ihr Werk der Nächstenliebe, trotz aller Schwachheit und aller Rückschläge, weiterführt „...die Liebe – das einzige Bleibende, der einzige Sinn."[2]

Junipers Weg ist falsch.

---

1) S. 21
2) S. 141

Als Kontrast zu Bruder Juniper und dessen Glauben steht die Gestalt der Äbtissin Madre Maria Del Pilar. Sie ist die Verkörperung christlicher Ideale, dabei nicht unfehlbar, durchaus – im Sinne der obenstehenden Interpretation – Verkörperung „der religiösen Urprinzipien der Menschheit". Nächstenliebe, tätig und selbstlos, wie die Äbtissin sie praktiziert – erst recht nach dem Unglück –, ist immer ein Ideal der Menschen gewesen.

Madre Maria Del Pilar steht, wie die anderen Gestalten dieses Buchs, mitten in der Welt, sie ist Mensch und als solcher Fehler und Irrtümern unterworfen und oft vom Gefühl der Sinnlosigkeit bedroht. Aber am Ende der Handlung, nach dem Tod von Pepita und den anderen, steht sie geläutert da. Auch die meisten anderen Hinterbliebenen haben sich weitgehend zum positiven verändert.[1)]

Sie haben in der Liebe den Sinn für ihr Leben gefunden. Und so mögen hier noch einmal die unvergänglichen Gedanken der Madre Maria Del Pilar stehen, mit denen das Buch schließt:

„...Doch die Liebe wird genug gewesen sein; alle diese Regungen von Liebe kehren zurück zu der einen, die sie entstehen ließ. Nicht einmal eines Erinnerns bedarf die Liebe. Da ist ein Land der Lebenden und ein Land der Toten, und die Brücke zwischen ihnen ist die Liebe – das einzige Bleibende, der einzige Sinn."[2)]

(So gesehen verliert auch die Frage: „Ist 'The Bridge of San Luis Rey' eine Tragödie?" an Bedeutung. Sicher sind einige Figuren und Gestalten tragisch, aber nicht das Tragische steht im Vordergrund, sondern die Hoffnung und das neue, veränderte Leben der Hinterbliebenen. – Läuterung, durchaus im Sinne des klassischen Dramas.)

---

1) Der Erzähler scheint hier von seiner ursprünglichen Haltung abzuweichen. Kann der Mensch nicht doch – wie es Juniper zu beweisen suchte – Sinn im Leiden sehen? Das Unglück von San Luis Rey als Läuterung, als Prüfung Gottes wie im Alten Testament die Leiden des Hiob? Dies ist eine Sache des Glaubens, der sich nicht beweisen läßt.

2) S. 141

6.2. Thornton Wilder's Novelle "The Bridge of San Luis Rey"
Versuch einer Interpretation
Von Edgar Neis

Thornton Wilders Novelle The Bridge of San Luis Rey ist wiederholt als ein Kunstwerk von höchster Vollendung bezeichnet worden. Die Bedeutsamkeit dieser Novelle, deren Absicht eine Seinserhellung menschlicher Schicksale ist, kann hier nur andeutungsweise dargestellt werden, denn ihr tiefster Gehalt, der in meisterhafter Art zu einem unerhört feinfädigen Gewebe verdichtet ist, kann kaum zu klarer Bewußtheit gebracht, sondern hier und da höchstens erfühlt werden. Mit bewundernswerter dichterischer Strenge und Zucht fügt Thornton Wilder die konstituierenden Elemente der Handlung zu einem Gebilde von zwingender Geschlossenheit und Einheit. Diese konstituierenden Elemente sind das in der Rahmenerzählung dargestellte Unternehmen des Franziskanerpaters Bruder Juniper sowie die in den drei Hauptabschnitten des Werkes geschilderten Lebenswege der fünf nach Alter, Geschlecht und Wesen verschiedenen Personen, die beim Reißen der Brücke von San Luis Rey – einer alten, von den Inkas aus Weidenzweigen geflochtenen Hängebrücke, die sich im Zuge der Straße von Lima nach Cuzco über eine tiefe Schlucht schwang und täglich von Hunderten von Menschen begangen wurde – gemeinsam den Tod fanden. Die zufällige oder schicksalhafte Verknüpfung der Lebenswege dieser fünf Menschen zu erforschen und sichtbar zu machen, wird zum Anliegen Bruder Junipers, vielleicht, weil ihn beinahe das gleiche Unglück getroffen hätte. Er unternimmt es, die unerforschlichen Wege Gottes vor den Menschen zu rechtfertigen in dem Bestreben, die Tatsache zu beweisen, daß jedes der fünf geendeten Leben ein abgeschlossenes Ganzes gewesen war. Mit der Frage "Why did this happen to those five? geht er dem Geheimnis ihres Lebens nach. If there were any plan in the universe at all, if there were any pattern in a human life, surely it could be discovered mysteriously latent in those lives so suddenly cut off. Either we live by accident and die by accident, or we live by plan and die by plan."

Aber trotz der Emsigkeit seiner Nachforschungen, die sogar mathematischen Charakter annehmen, erfährt Bruder Juniper nie von dem alles zuinnerst Bewegenden in dem Leben der fünf Verunglückten. Es bleibt ihm nur die Erkenntnis, daß dem Menschen ein Einblick in den Plan Gottes verwehrt ist. Das Buch, in dem er seine Erkenntnisse niederlegt, wird von der Inquisition für ketzerisch erklärt und dazu verurteilt, samt seinem Verfasser öffentlich verbrannt zu werden. Er, der auch in seinem eigenen Leben keinen Plan entdecken kann, fühlt keine Auflehnung gegen das Urteil und nimmt es in dem Bewußtsein seiner begreiflichen, aber mißglückten Absicht, Gottes Geheimnisse entschleiern zu wollen, als Strafe und Sühne hin.

In diese Rahmenerzählung, die mit den Abschnitten Perhaps an Accident – Perhaps an Intention die Novelle eröffnet und beschließt, sind die drei größeren Kapitel eingefügt, die anscheinend völlig unabhängig voneinander die Lebensläufe der fünf Todesopfer vor uns ausbreiten. Daß diese Unabhängigkeit nur scheinbar ist, wird noch näher darzulegen sein. Die fünf Verunglückten sind: Dona Maria, die einsame, alternde Marquesa von Montemayor, ihre junge Gesellschafterin Pepita, der um seinen Zwillingsbruder Manuel trauernde Schreiber Esteban, der von einem abenteuerreichen Leben gezeichnete Onkel Pio und der Sohn der Schauspielerin Perichole, der Knabe Don Jaime, den sich Pio von ihr erbettelt hat, um ihn auf seine Kosten erziehen zu lassen.

Da nur das mittlere der drei Kapitel der Binnenerzählung dem Lebenslauf eines Verunglückten, nämlich Estebans, gilt, während sich das erste und dritte Kapitel mit je zwei Personen beschäftigen, und zwar mit je einer Haupt- und einer Nebenperson, die ihrerseits wieder jeweils im Verhältnis des Alters zur Jugend, des Schützenden zum Schützling stehen, während die Äbtissin Madre Maria, die Schauspielerin Camila Perichole und Kapitän Alvarado in allen drei Kapiteln eine bestimmte, ihrem Charakter entsprechende, gütige, unheilvolle oder hilfreiche Rolle spielen – so tritt schon hier der Baugedanke der Novelle in der Symmetrie ihres Aufbaus klar zutage. Es ergibt sich demgemäß folgendes Schema einer Gliederung:

I. Rahmenerzählung: Perhaps an Accident (Bruder Junipers Versuch einer Deutung)	
II. The Marquesa de Montemayor – Pepita	Liebe: Äbtissin Madre Maria
III. Esteban	Dämonie: Schauspielerin Perichole
IV. Uncle Pio – Don Jaime	Hilfsbereitschaft: Kapitän Alvarado
V. Rahmenerzählung: Perhaps an Intention (Bruder Junipers Scheitern und Ketzertod)	

In wundervollem Gleichlauf stehen die Abschnitte dieser Novelle mit Einleitung, drei Hauptteilen und Schluß nebeneinander, wohl ausgewogen sogar in der Seitenzahl der einzelnen Abschnitte. Diese Symmetrie des Aufbaus, die sich bis in allerfeinste Einzelzüge hinein verfolgen läßt, ist es, die dem Werk die gläserne Klarheit und Durchsichtigkeit, die wundervolle Ausgeglichenheit und Harmonie verleiht und seine Architektur bestimmt. Aber diese Symmetrie und Harmonie der äußeren Gestalt reicht – und das ist das Wesentliche – über das bloß Formale hinaus in geistige Bezüge hinein und bestimmt damit gleichermaßen den Gehalt und die Problematik der Novelle.

Ehe wir uns dieser zuwenden, ist es nötig, die Lebensschicksale der fünf Opfer des Brückenunglücks zu umreißen.

Da ist zunächst die alternde Marquesa von Montemayor, die ihrer in Spanien verheirateten Tochter nachtrauert und aus dem Schmerz einer unerwiderten Liebe heraus ihr Leben immer mehr nach innen entfaltet. Ihre Liebe, die sie nicht leben kann, ihre Einsamkeit, unter der sie leidet, verströmt sie in wundervolle Briefe, die sie an ihre Tochter richtet, ohne daß diese je einen Widerhall finden. Sie ist eine einsam Leidende, der es zumute ist, als ob das beständige Weh in ihrem Herzen einen organischen Sitz habe. "Her suffering has left its mark upon the structure of her heart. – She secretly refused to believe that anyone (herself excepted) loved anyone." Aber diese fehlgeleitete Liebe ist im Grunde nur Eigenliebe: "She loved her daughter not for her daughter's sake, but for her own" und ersetzt das, was sie an Religion als Glaube verloren hat durch Religion als Magie, indem sie ein entwürdigendes System von Tabus zum Schutze ihrer Tochter befolgt. Und da sie selbst damit das Bewußtsein der Sünde hat, "would she long to be taken away from a world that had no plan in it". Als sie nach mancherlei inneren Kämpfen und Erkenntnissen endlich so weit ist, daß sie die Last des Stolzes und der Eitelkeit abwerfen kann, die ihre Liebe stets mit sich zu schleppen gehabt hatte, als sie endlich ein neues Leben der Wahrheit und des Mutes beginnen will, betritt sie nach der Rückkehr von einer Wallfahrt als eine innerlich Gewandelte und ihrer Eigenliebe und Selbstsucht Entsagende die Brücke von San Luis Rey und wird in die Tiefe gerissen.

Mit ihr stürzt ihre Gesellschafterin Pepita in den Abgrund, eine Waise von vierzehn Jahren, die anfangs von der Äbtissin Madre Maria in ihrem Kloster aufgezogen und der Marquesa von Montemayor als Gesellschafterin überlassen worden war. Auch Pepita ist eine Einsame. "She had never been taught to expect happiness." Auch sie ist eine Leidende, die sich nach Liebe und Verständnis sehnt, die aber voller Pflichtgefühl und Ergebenheit für ihre Mutter im Herrn, Madre Maria, den nicht ganz leichten Dienst für die Marquesa tut.

Pepita schreibt an sie einen Brief voller Verwirrtheit und Tintenkleckse: "Though I never see you I think of you all the time and I remember what you old me, my dear mother in God. I want to do only what you want, but if you could let me come back for a few days to the convent, but not if you do not wish it. But I am so much alone and not talking to anyone, and everything. Sometimes I do not know whether you have forgotten me, and if you could find a minute to write me a little letter or something, I could keep it, but I know how busy you are..."

Die Beziehungen, die sich an dieser Stelle ergeben, sind von einer unerhörten Vielfalt. Die ganze Feinheit des Gewebes wird offenbar. Wie ihre Herrin, die Marquesa, ist auch Pepita voller Sehnsucht nach einer geliebten Gestalt, die die einzige Wirklichkeit in ihrem Leben darstellt. Wie die Marquesa ist auch sie die Verfasserin von Briefen, in denen sie ihr Idol anbetet, es umsorgt und um eine Antwort bittet, die sie aber – wiederum wie ihre Herrin ihrerseits – nie erhalten wird. Beide, die Marquesa und Pepita, befinden sich also in der gleichen seelischen Situation. Beide sprechen diese in ihren Briefen aus. Nur daß die Briefe der Marquesa "miracles of wit and gracet" sind, "bravura pieces", die später in einer wunderlichen Welt zum Lehrbuch für Schulknaben und Ameisenhügel für Grammatiker werden, während Pepitas Briefe von einer rührenden Schlichtheit und Naivität des Ausdrucks sind. Da aber beider Briefe nur Zeugnisse der Ichsucht und Eigenliebe, also nicht wahrhaft ehrlich und mutig sind, haben beide voreinander, die innere Verwandtschaft spürend, berechtigte Minderwertigkeitskomplexe. Ihre eigenartige Stellung zueinander läßt sich aus einer beziehungsreichen Szene – wie überhaupt vieles in diesem Werk – mehr erahnen als analysieren, weshalb diese Dialogstelle hier wiedergegeben sei:

"Pepita returned bringing the supper in her hands.

'Your supper is ready, my lady', she said at last.

'But, my child, you are going to eat with me?' In Lima, Pepita generally sat down at the table with her mistress.

'I thought you would be tired, my lady, I had my supper downstairs.'

'She does not wish to eat with me', thought the Marquesa. 'She knows me and has rejected me.' With one hand on the back of the chair she said haltingly: 'My dear child, I am sending off a letter to Lima in the morning. If you have one you can enclose it with mine.'

'No, I have none', said Pepita. She added hastily: 'I must go downstairs and get you the new charcoal.'

'But, my dear, you have one for . . . Madre Maria del Pilar. Wouldn't you?'

Pepita pretended to be busy over the brazier. 'No, I'm not going to send it', she said. She was aware, during the long pause that followed, that the Marquesa was staring at her in stupefaction. 'I've changed my mind.'

'I know she would like a letter from you, Pepita. It would make her very happy. I know', (antwortet die Marquesa, indem sie ihrem Bedürfnis des Briefschreibens nachgibt und die Worte auf ihre eigene Tochter bezieht).

Pepita glanced hastily at the old woman and saw that she had not ceased from staring at her with great sad inquiring eyes. She felt that these were not things one talked about, but the strange woman seemed to be feeling the matter so strongly (weil es ihre eigene Angelegenheit ist, die hier verhandelt wird) that Pepita was willing to concede one more answer: 'No, it was a bad letter. It wasn't a good letter.'

Dona Maria fairly gasped. 'Why, my dear Pepita, I think it was very beautiful.' (Wieder spricht sie von ihren eigenen Briefen.) 'Believe me, I know. No, no, what could have made it a bad letter?'

Pepita frowned, hunting for a word that would close the matter. "It wasn't... it wasn't... brave", she said. And then she would say no more. She carried the letter off into her room and could be heard tearing it up. Then she got into bed and lay staring into the darkness. And Dona Maria sat down to her dish amazed.

Dieses Wort "'It wasn't.. it wasn't... brave'", das Pepita Klarheit über sich selbst bringt, führt auch die Marquesa zur Klarheit und Selbsterkenntnis. Beider Leben ist plötzlich als ein Leben der Mutlosigkeit, der Feigheit offenbar geworden, weil es ein Leben voller Unehrlichkeit sich selbst und anderen gegenüber, weil es ein Leben der Selbstbemitleidung und schließlich der Selbstsucht war.

"'But it's not my fault', she cried. 'It's not my fault that I was so. It was circumstance. It was the way I was brought up. Tomorrow I begin a new life.'"

So mag auch Pepita zu sich gesprochen haben, als sie in ihr Bett gekrochen war und ins Dunkel starrte. Die Marquesa kann aber nun ihren ersten mutigen Brief schreiben. Sie, die früher einen so glänzenden Stil schrieb, schreibt nun fehlerhaft und holpernd, dafür aber voll innerer Wahrheit. Zwei Tage später befällt sie und Pepita das Geschick, von welchem wir wissen.

Das zentrale Kapitel des Buches schildert Esteban, der gemeinsam mit seinem Zwillingsbruder Manuel und ebenso wie Pepita von der gütigen Äbtissin Madre Maria aufgezogen wird. Beiden Brüdern wohnt eine tiefe, schweigsame Verschämtheit ob ihres tiefwurzelnden Sicheinsfühlens inne. Der Einbruch in dieses Einssein erfolgt durch die Schauspielerin Perichole, die Manuel im Theater erblickt und die seinen Willen und seine Vorstellung derart überwältigt, daß er das Vorrecht einfacher Naturen, die Sonderung von Liebe und Wollust, einbüßt. "Now was beginning that crazy loss of one's self..."

Esteban, seines zweiten Ichs beraubt, muß schmerzlich erkennen, daß selbst in der vollkommensten Liebe der eine Teil weniger tief liebt als der andere. Manuel aber, Estebans Leid erkennend, opfert ihm alles, was er zu opfern hat: "he removed in one unhesitating stroke of the will the Perichole from his heart". Esteban, die Größe dieses Opfers fühlend, ist bereit, Manuel zu verlassen, um seinem Glück nicht im Wege zu stehen. Als Manuel jedoch an einem Stück Eisen sich das Knie wund reißt und qualvoll fiebernd stirbt, ist auch Estebans Leben sinnlos geworden. Vor dem Freitod – er will sich erhängen – bewahrt ihn im letzten Augenblick Kapitän Alvarado, der ihn auf seine nächste Seereise mitnehmen will. "They started for Lima. When they reached the bridge of San Luis Rey the Captain descended to the stream below in order to supervise the passage of some merchandise, but Esteban crossed the bridge and fell with it."

Die Parallelität der inneren Bezüge zu der Geschichte der Marquesa und Pepita ist offenbar: auch hier der einsam Leidende, dem aller Sinn des Lebens schwindet, wenn er sich des Gegenstandes seiner Liebe beraubt sieht. Auch hier wieder die gleiche Sehnsucht nach der geliebten Gestalt, diesmal des Zwillingsbruders, die die einzige Wirklichkeit in Estebans Leben darstellt. Auch hier die gleiche fehlgeleitete Liebe, die im Grunde nur Eigenliebe ist. Eine innere Wandlung, wie sie die Marquesa und Pepita durchmachen, macht Esteban allerdings nicht durch. Er gelangt nicht zu der Erkenntnis, daß es nötig ist, mutig zu sein. Kapitän Alvarado, der ihn diesen Weg der Überwindung der Ichsucht führen will, kann sein Leben nicht mehr retten. Der Tod trifft Esteban in dem Augenblick, als sein Leben abgeschlossen ist und Kapitän Alvarado ihn einen neuen Lebensabschnitt beginnen lassen will. "'We push on, Esteban, as best we can. It isn't for long, you know. Time keeps going by. You'll be surprised at the way time passes.'" Für Esteban war die Zeit bereits vergangen.

Onkel Pio ist ohne Zweifel die interessanteste Gestalt des Buches. Er besitzt die sechs Kennzeichen des echten Abenteurers: "a memory for names and faces, with the aptitude for altering his own, the gift of tongues, inexhaustible invention, secrecy, the talent for falling into conversation with strangers, and that freedom from conscience that springs from a contempt for the dozing rich he preyed upon." Er ist in allen Gassen zu Hause, in allen Sätteln gerecht, mit allen Wassern gewaschen. Nichts Menschliches ist ihm fremd. Im Grunde ist er aber doch stets ein Einsamer geblieben. Seine Unabhängigkeit ist ihm Bedürfnis. Seine besondere Leidenschaft gilt der Lenkung des Lebens anderer Menschen, der Anbetung schöner Frauen und der Bewunderung der dramatischen Literatur Spaniens. "What was there (he asks you) in the world more lovely than a beautiful woman doing justice to a Spanish masterpiece?" Die große Entdeckung und das große Erlebnis seines Lebens ist die Schauspielerin Perichole. In ihr findet er alles vereinigt, was seinen Lebenszweck bildet. Ihr gilt seine fehlgeleitete Liebe. Er ist ihre Kammerzofe, ihr Gesangslehrer, Regisseur, Friseur, Masseur, Vorleser, Laufbursche, Bankier und, wie ein Gerücht hinzufügt, ihr Vater. Er lehrt sie ihre Rollen, erschließt ihr die Feinheiten der spanischen Dichtung, er macht sie zu einer großen und gebildeten Schauspielerin. Darüber hinaus macht er sie zu einer großen Dame. Sie kommt an den Hof des Vizekönigs, gebiert diesem drei Kinder – darunter Don Jaime –, bekommt die Schauspielerei satt und eine Gier nach Hochachtbarkeit. Onkel Pios Versuche, sie dem Theater wiederzugewinnen, schlagen fehl. Seine Liebe zu ihr bleibt unerwidert.

Als die Perichole durch die Blattern ihre Schönheit einbüßt, liebt Onkel Pio sie nur um so mehr. Als sie auch jetzt seine Liebe und Hilfe zurückstößt, erbettelt er sich von ihr als Schützling den kleinen Don Jaime, um ihn in Lima zu einem Edelmann zu erziehen. Ihm will er von nun an seine fehlgeleitete Liebe zuwenden. Als Onkel Pio mit dem Knaben die Brücke von San Luis Rey betritt, um diesen neuen Abschnitt seines Lebens zu beginnen, stürzt sie unter ihnen ein.

Don Jaime und Onkel Pio, Pepita und die Marquesa – es sind immer wieder die gleichen Lebensumstände, die gleichen Beziehungen der Personen zueinander, denen wir begegnen. Wie Pepita ist auch Don Jaime einsam. "Camila was never cross with Don Jaime and she was never demonstrative." Auch von ihm könnte es heißen: "He had never been taught to expect happiness." Auch er ist ein Leidender, der sich nach Liebe und Verständnis sehnt. Uneheliches Kind der Perichole und des Vizekönigs, ist er ein rachitisches kleines Geschöpf, das wie sein Vater an Epilepsie leidet. Er erträgt seine Leiden mit der stummen Verwunderung eines Tieres und schämt sich ihrer tödlich, wenn sie sich in der Öffentlichkeit ereignen. Als der unglückliche Knabe sich der Brücke von San Luis Rey nähert, fühlt er einen dieser Augenblicke herannahen, die ihn von anderen Menschen scheiden. Wie es sich aber ergibt, soll er bald für immer von den Menschen geschieden sein. Sein Tod ist ihm Erlösung – wie der Estebans jenem Erlösung ist.

Indem wir die Lebensläufe der fünf Verunglückten skizziert haben, ist uns nicht nur die Parallelität des Geschehens und der gemeinsamen inneren Bezüge offenbar geworden, sondern auch die Tatsache, daß jedes Einzelschicksal schon die Problematik aller anderen in sich enthält, auf seine Art widerspiegelt und in gleicher Weise wie die anderen symptomatisch ist. Die fünf verschiedenen Lebensschicksale liegen somit alle auf einer gemeinsamen Symbolebene. Das ist eine für das Verständnis des Werkes schon sehr wesentliche Erkenntnis. Die Wesenszüge, die das Leben der fünf Personen bestimmen, Einsamkeit, Leiden, fehlgeleitete und deswegen unerwiderte Liebe, Ichsucht, Eigenliebe und Eitelkeit kehren leitmotivartig ständig wieder und setzen so die fünf einzelnen Lebensschicksale durch Variation oder Steigerung in vielfältige, metaphysische, rationell nicht völlig bloßzulegende Beziehungen zueinander. Sie machen das eigentlich Sinfonische dieser Dichtung aus, weshalb man sie auch „mozartisch durchleuchtet" genannt hat. Sie läßt sich am besten einem Prisma vergleichen, in dem der Lichtstrahl des Grundgedankens vielfältig schillernd gebrochen und in einzelne verschiedenfarbige Komponenten zerlegt wird.

Welches ist aber nun der Grundgedanke, der hier in so feiner und oft kaum merklicher Abwandlung dargestellt erscheint? Stehen die Personen dieses Werkes, die alle das gleiche Schicksal trifft, aus mehr oder weniger belanglosen Gründen äußerer Art nebeneinander, beziehungslos, wie sie das Leben selbst zusammenwürfelt? Waltet in ihrem Leben der Zufall, oder ist ihr gemeinsames Ende eine höhere, ihnen selbst und uns unbegreifliche Fügung?

Fassen wir, um diese Frage beantworten zu können, noch einmal das ihnen allen Gemeinsame zusammen. Sie alle sind, um einen Ausdruck Thornton Wilders aus seiner Novelle "The Woman of Andros" zu gebrauchen, "stray human beings." Sie alle sind mit dem Leben fertig, so oder so. Ihnen allen, Don Jaime augenommen, weil er noch zu jung dafür ist, geht die Erkenntnis zu spät auf, daß ihr bisheriges Leben in seiner Zielsetzung verfehlt war, und daß sie von einem künftigen schließlich doch nichts mehr zu erhoffen haben. Ihnen allen fehlt der Mut zum wahren Dasein, und nur einige von ihnen machen eine Wandlung in dieser Richtung durch. Aber sie kommt zu spät. "One never learns how to live, or one's lights on living arrive too late, when one has spoiled the surrounding situation, spoiled it beyond repair" ("The Woman of Andros"). Sie haben sich alle noch nicht wie Chrysis und Philocles in Thornton Wilders "The Woman of Andros" jenes Ichs entäußert, "that supports the generality of men, the self that is bundle of self-assertions, of greeds, of vanities and of easily-offended pride. – It was Chrysis's reiterated theory of life that all human beings – save a few mysterious exceptions who seemed to be in possession of some secret from the gods – merely endured the slow misery of existence, hiding as best they its most difficult burden was the incommunicability of love" ("The Woman of Andros"). Deshalb müssen alle, die nicht zu jenen rätselhaften Ausnahmen gehören, welche im Besitz des Geheimnisses der Götter sind, zugrunde gehen. Nicht von Schuld und Sühne dürfen wir jedoch angesichts des schicksalhaften Todes dieser am Leben Gescheiterten sprechen. "They did not realize that this wasting of love in fretfulness was one of the principal activities on the planet" ("The Woman of Andros"). Der Dichter will sagen: So und nicht anders mußte ihnen geschehen. Sie sind dazu da, das kosmische Gesetz einer ewigen göttlichen Ordnung sichtbar zu machen. Indem der Tod diese fünf verschiedenen, zunächst voneinander völlig unabhängigen Menschenleben, deren Lebensinhalt aber doch irgendwie auf den gleichen Nenner gebracht werden kann, endet, wird das Notwendige schicksalhaft in das Zufällige des Brückenunglücks einbezogen und zum Rang eines Allgemeinen und Gesetzmäßigen erhoben. Der Zufall soll hier als Fügung, als Schicksal erlebt werden.

Thornton Wilders Werk ist somit nicht Tragödie im strengen Sinne des Wortes, sondern eine Legende vom Schnitter Tod, der das mäht und sich nimmt, was reif geworden ist. Das Lebensalter spielt keine Rolle dabei. Für alle Personen dieser Novelle wird das ganz Persönliche ihres Lebensendes aus dem Raum des Subjektiv-Menschlichen in den Raum metaphysischer und transzendentaler Bezüge gehoben. Ihr aller Untergang ist seelisch-schicksalhafte Notwendigkeit, ist die gottgewollte Hinübernahme ihrer schon ganz in sich abgeschlossenen Lebensschicksale in die Transzendenz des Kosmos.

Es ist bezeichnend, daß damit auch die Gestalt der Rahmenerzählung, Bruder Juniper, der die Lebensschicksale der fünf zu deuten versucht und daran scheitert, sowie die Gestalt der Perichole selbst, die gefährlich und vernichtend – man beachte, mit welch suggestiver Treffsicherheit ihr Name gewählt ist – in das Leben der Marquesa, Manuels, Estebans und Onkel Pios einbricht, aus diesem Totentanz nicht ausgenommen werden können, obwohl sie nicht mit den fünf anderen gemeinsam untergehen: Bruder Juniper, der durch Statistiken und Zahlenspielereien, natürlich vergeblich, das Geheimnis Gottes zu enträtseln versucht, verfällt dem Feuertode der Inquisition, während die Schauspielerin Perichole nach dem Verluste ihrer Schönheit innerlich wie äußerlich am Ende ist und erkennen muß: "My life is over."

Was für die übrigen Zeugen des Brückenunglücks unbegreiflich ist, mag Bruder Juniper vielleicht erahnt haben: daß der Tod der fünf Verunglückten in die scheinbare Sinnlosigkeit ihres persönlichen Lebens doch sinnvoll gesetzt ist als jenes Stirb und Werde, dem mehr oder weniger bewußt anheimzufallen des Menschen ewiges und unausweichliches Schicksal ist. Daß in diesem Sinne Leben und Tod dieser "stray human beings" aber doch der göttlichen Gnade anvertraut sind, hat Thornton Wilder nicht nur in den Schlußworten der Novelle "The Bridge of San Luis Rey" zum Ausdruck gebracht, in denen die Äbtissin Madre Maria von der ewigen Liebe als dem einzig Bleibenden, dem einzigen Sinn spricht, der das Land der Lebenden und der Toten verbindet, sondern vor allem auch in jenem wundervollen Satz seines Caesar-Romans "The Ides of March", der Sinnlosigkeit und Sinn des Daseins in hintergründiger Weise miteinander zu vertauschen scheint und doch in völliger Klarheit enträtselt: "It is probable that my last affairs of the world proceed with that senselessness with which a stream carries leaves upon its tide".

IV. Literatur

1. Rezensionen von "The Bridge of San Luis Rey"

Armitage, Harold B. Independent, Feb. 11, 1928, CXX, p. 146.

Neumann, Henry. Standard, Dec. 1927, XV, p. 117 – 22.

Phelps, Willian Lyon. Scribner's Mag., Feb. 1928, LXXXIII, p. 224 – 5.

Roscoe, Burton. American Bookman, Jan. 1928, LXVI, p. 559 – 62.

Salpeter, Harry. Outlook, Apr. 1928, CXLVIII, p. 634 – 40.

Shanks, Edward. Mercury, Jan. 1928, XVIII, p. 323 – 4.

Suckow, Ruth. Outlook, Jan. 4, 1928, CXLVIII, p. 36.

Wilson, Edmond. New Republic, Aug. 8, 1928, LV, p. 303 – 5.

2. Bibliographie

Adcock, St. John. Thornton Wilder. Bookman, Mar. 1929, CXXV, p. 316 – 19.

Alfes, Leonhard. Bruder Junipers „conversio" und die „perhapses" in Thornton Wilder's "The Bridge of San Luis Rey". Literatur in Wissenschaft und Unterricht (Kiel), VI, p. 98 – 109, 1973.

Anderson, Sherwood, Thornton Wilder, Roger Sessions, and Willian Lescaze. The Intent of the Artist, Ed. with Introd. Augusto Centento. Princeton, N. J.: Princeton Uni. Press, 1941.

Arnavon, Cyrille. La Vogue de Thornton Wilder. Études Anglaises, 1957, X, p. 421 – 30.

Balotă, Nicolae. Thornton Wilder sau Cursele destinului. (Thornton Wilder or the snares of fate). Rom. Lit. (9:43), 1976.

Bates, Esther Willard. In Defense of Thornton Wilder. Saturday Review of Literature., 1943, Jan. 2, XXVI, p. 11.

Beckmann, Hein. Thornton Wilder. (Friedrichs Dramatiker des Welttheaters, 16), Velber, 1966.

Borish, E. Thornton Wilder novelist: a re-examination. Revue des langues vivantes (Brussels), 37, p. 152 – 9, 1971.

Božilova, Ženi. Uostovete na Thorntăn Uajldăr. (Thornton Wilder's bridges) in (p. 5 – 8) Uostăt na San Luis Rej. Teofilăs Nort. (The Bridge of San Luis Rey, Theophilus North.). Sofia: Norodna kultura, 1917.

Brown, John Mason. Epigraphs to Culture: Thornton Wilder and the USMC. Furioso, Summer 1949, IV, p. 57 – 9.

Burbank, Rex James. Thornton Wilder: A Critical Study. Unpub. Doct. Diss., Uni. of Michigan, 1960.

Burbank, Rex James. Thornton Wilder. New York: Twayne, 1961.

Caufman, Odette. Thornton Wilder – in memoriam. Cronica, 1976, 8.

Claxton, Evelyn Edith. The novels of Thornton Wilder. Unpub. Doct. Diss., Uni. of Kansas, 1970

Conta, Floria. Invito alla lettura di Thornton Wilder. Milan: Mursia, 1980

Corrigan, Robert W. Thornton Wilder and the Tragic Sense of Life. Educational Theatre Journal., XIII, p. 167 – 73, 1961.

Dottin, Paul. Thornton Wilder et' le Pont du Roi Saint-Louis'. Gringoire, Nov. 16, 1928.

Dugan, Evelyn Clare. The novels of Thornton Wilder: Themes through characterization. Unpub. Doct. Diss., Ball State Uni., 1970.

Edgell, David P. Thornton Wilder Revisited. in: Wahba Magdi (ed.), Cairo Studies In English., Cairo, 1960.

Firebaugh, Joseph J. The Humanism of Thornton Wilder. Poe. Spec., Autumn 1950, IV, p. 426 – 38.

Fischer, W. Thornton Wilder's The Bridge of San Luis Rey und Prosper Mérimées Le Carrosse du Saint-Sacrement. Anglia, LX, p. 234 – 40, 1936.

Frenz, Horst. Thornton Wilder's Visit to Postwar Germany. American-German Review., Oct./Nov. 1957, XXIV, p. 8 – 10.

Fuller, Edmont. Thornton Wilder: The Notation of the Heart. American Scholar., Spring 1959, XXVIII, p. 210 – 17.

Fussell, Paul. Jr. Thornton Wilder and the German Psyche. Nat., May3, 1958 XLIII, p. 245 – 53.

Gardner, Martin. Thornton Wilder and the Problems of Providence. Uni. Review., Dec. 1939, VII, p. 83 – 91.

Goldstein, Malcolm. The Art of Thornton Wilder. Lincoln: Uni. of Nebraska Press, 1965.

Goldstone, Richard H. The Art of Fiction, Thornton Wilder. Paris Review, Winter 1956, XV, p. 36 – 57.

Goldstone, Richard H. Thornton Wilder: an intimate portrait. New York: Saturday Review Press., p. 299, 1975.

Grebanier, Bernhard. Thornton Wilder. Minneapolis: Uni. of Minnesota Press; London: Oxford Uni. Press (Pamphlets on American Writers, No. 34), 1964.

Greene, George. The world of Thornton Wilder. Thought., XXXVIII, p. 563 – 84, 1962.

Gregor, Heinrich. Thornton Wilder, ein christlicher Dichter Amerikas. Deutsche Rundschau., Jan. 1934, LX, p. 62 – 3.

Haberman, Donald. The Americanization of Thornton Wilder. Four Quarters., XVI, May, 1967.

Häberle, Erwin. Das szenische Werk Thornton Wilder's. Heidelberg: Carl Winter Universitätsverlag, 1967.

Harnack-Fish, M. Drei junge Dichter aus U.S.A.: Thornton Wilder, Thomas Wolfe, William Faulkner. Berliner Tageblatt,, Nr. 366, 1934.

Heinrich, G. Das Werk des amerikanischen Dichters Thornton Wilder. Hochland., XXX, p. 176 – 80, 1932.

Irwin, Don. An Evening with Thornton Wilder. N. Y. Herald Tribune Book Review., May 6, 1962.

Isaacs, Edith J. R. Thornton Wilder in Person. Theatre Arts Monthly., Jan. 1943, XXVII, p. 21 – 30.

Izzo, Carlo. Una Lettera di Thornton Wilder. Studi Americani., VI, 371 – 3, 1960.

Keener, M. C. Thornton Wilder. the bright and the dark. Twentieth-century American writers. New York: Thomas Y. Crowell., 1972.

Kohler, Dayton. Thornton Wilder. Engl. Journal., College ed., Jan. 1939, XXVIII, p. 1 – 11.

Kosok, Heinz. Thornton Wilder: A Bibliography of Criticism. Twentieth Century Literature., July, 1963, IX, p. 93 – 100.

Kosok, Heinz. Thornton Wilder, Ein Literaturbericht. Jahrbuch für Amerikastudien, IX, p. 196 – 227, 1964.

Lewis, Flora. Thornton Wilder at 65 Looks Ahead – and Back. N. Y. Times Magazine., Apr. 15, 1962.

Longworth-Chambrun, La Comtesse De. L'Américanisme de Thornton Wilder, Révue anglo-américaine., Apr. 1931, p. 341 – 5.

Loyd, Allen Dennis. The Shudder of Awe: A Study of the Novels of Thornton Wilder. Unpub. Doct. Diss., George Peabody College for Teachers, 1968.

Maxwell-Mahon, W. P. The novels of Thornton Wilder. Unisa Eng. Studies (16:1), p. 35 – 44, 1978.

Miller, Rhea Bond. Stages in Becoming: a study of form in Thornton Wilder's novels. Unpub. Dobt. Diss., Florida State Uni., 1976.

Morgan, H. Wayne. The Early Thornton Wilder. Southwest Rewiew., Summer 1958, XLIII, P. 245 – 53.

Muljarchik, A. Afterword to Russian translation of "Bridge of San Luis Rey". Novje mir (Moscow), XII, p. 121 – 68, 1971.

Neis, Edgar. Thornton Wilder's Novelle "The Bridge of San Luis Rey". Versuch einer Interpretation. Die neueren Sprachen., 1956, p. 18–26.

Oppel, Horst. Thornton Wilder in Deutschland. Wirkung und Wertung seines Werkes im deutschen Sprachraum. Mainz; Wiesbaden: Steiner, 1977.

Papajewski, Helmut. Die Problemschichtung in Wilder's "The Bridge of San Luis Rey". Germanisch-romanische Monatsschrift, 1957, XXXVIII, p. 370–83.

Papajewski, Helmut. Thornton Wilder. Frankfurt/Main: Athenäum, 1961.

Papjewski, Helmut, Thornton Wilder. New York: Frederick Unger, 1968.

Petter, Henri. Drei amerikanische Romane. Schweiz. Monatshefte, XLVIII, 1969.

Popper, Hermine I. The Universe of Thornton Wilder. Harper's June. CCXXX, p. 72–81, 1965.

Sahl, Hans. Wilder and the Germans. Four Quarters, XVI, May, 1967.

Sawyer, Julian. Wilder and Stein. Saturday Review of Literature., Apr. 17, 1943, XXVI, p. 27.

Schröder, E. Thornton Wilder. Kölnische Volkszeitung, Nr. 7, 1933.

Simon, Linda. Thornton Wilder: his world. New York: Doubleday, 1978.

Singh, Ram Sewak. Thornton Wilder: The Chronicler of Civilisation. The Banasthali Patrika (Rajasthan), No. 11, July, 1968.

Sprague, Marshall. Remembering Mr. Wilder. N. Y. Times Book Review, Jan. 27, 1974.

Stock, Gisela. Das Erzählwerk Thornton Wilder's. Entwicklung seines Weltbildes von "The Cabala" zu "The Ides of March". Diss., Mainz, 1956.

Straumann, Heinrich. Ein unaufdringlicher Missionar der Humanität: zum Tode von Thornton Wilder. Neue Zürcher Zeitung, 53, 13/14, Dec., 1975.

Stresau, Herrmann. Thornton Wilder. New York: Ungar, 1971.

Stürzl, Erwin. Weltbild und Lebensphilosophie Thornton Wilder's. Die Neueren Sprachen., 1955, p. 341 – 51.

Twitchett, E. G. Mr. Thornton Wilder. London Mercury., May, 1930, XXII, p. 32 – 9.

Viebrock, Helmut. Thornton Wilder's Hauptmotiv. Die Neueren Sprachen., p. 349 – 63. 1961.

Viswanathan, K. Thornton Wilder. Aryan Path (Bombay), Sept./Oct., 1962.

Vivian, Michael Joe. Building an American city: the fiction of Thornton Wilder. Unpub. Doct. Diss., Morquette Uni., 1981.

Weales, Gerald. Unfashionable Optimist. Commonweal, Feb. 7, 1958, LXVIII, p. 486 – 88.

White, Victor. "The Bridge of San Luis Rey" re-visited. Texas Quaterly (Uni. of Texas at Austin), (19:3), p. 79 – 9, 1976.

Wilder, Amos Niven. Thornton Wilder and his public. Philadelphia: Fortress, 1980.

Wilder, Thornton. Letters by Thornton Wilder: A Catalogue. Serif, III, June, 1966.

Williams, Mary Ellen. The novels of Thornton Wilder. Unpub. Doct. Diss., Uni. of Arizona, 1971.

Williams, Michael Vincent. Thornton Wilder's Anglo-American and German critics: a bibliography. Unpub. Doct. Diss., Uni. of South Carolina, 1979.

CHEMIE

Th. Bokorny

Chemie-Gerüst

Wegweiser und Ratgeber für Schüler und Abiturienten. 13., überarb. Auflage

128 Seiten **Bestell-Nr. 0674–2**

Dieses kurze in Tabellenform abgefaßte Vademecum der Chemie soll kein Lehrbuch oder Lexikon sein, sondern die großen Linien und wissenswerten Teile der modernen Chemie übersichtlich klar und einprägsam veranschaulichen und in Erinnerung bringen.

Thomas Neubert

Chemische Formelsammlung

64 S. – 2-fbg. – kart **Bestell-Nr. 0685–8**

Hier wurden die wesentlichen Formeln mit ihren Anwendungsmöglichkeiten aufgezeichnet. Für den Schulunterricht und für häusliches Arbeiten ein wichtiges Hilfsmittel – echte Lernhilfe!

DEUTSCH

Christian Floto

Basisinterpretationen für den Literatur- und Deutschunterricht I

– Ausgewählte Stücke und Prosa von Shakespeare bis Ionesco –

96 Seiten 2. Auflage **Bestell-Nr. 0589–4**

Nach einer kurzen Skizzierung der Literaturepoche werden anhand häufig gelesener Stücke Basisinterpretationen gegeben. Alle Beispiele entstanden im Unterricht der Sekundarstufen.

Folgende Stücke werden u. a. behandelt:
Shakespeare, Hamlet – Lessing, Nathan – Schiller, Wallenstein – Goethe, Iphigenie – Kleist, Marquise von O/Die Verlobung ... – Fontane, Effi Briest – Dostojewski, Der Spieler – Hauptmann, Rose Bernd – Mann, Tonio Kröger – Döblin, Berlin Alexanderplatz – Kafka, Der Prozeß – Brecht, Sezuan – Kipphardt, Oppenheimer – Frisch, Homo Faber – Frisch, Biedermann u. Br. – Ionesco, Die Stühle.

Christian Floto

Basisinterpretationen für den Literatur- und Deutschunterricht II

– Ausgewählte Stücke und Prosa „moderner" Autoren in der ersten Hälfte des 19. Jahrhunderts. –

108 Seiten **Bestell-Nr. 0593-2**

Literaturgeschichtlicher Abriß, Biographische Stationen, Aufbauprinzipien von Novelle und Drama; problemorientierte Bezüge zur modernen sozialpsychologischen Lebenssituation. Folgende Stücke werden u. a. behandelt:
Büchner, Woyzeck – Grabbe, Scherz, Satire, Ironie ...; Kleist, Der zerbrochene Krug/Prinz von Homburg/Michael Kohlhaas/Erdbeben in Chili.

Bernd Matzkowski

Basisinterpretationen für den Literatur- und Deutschunterricht III

Untersuchungen und didaktische Hinweise zum Volksbuch Till Eulenspiegel.

Hinweise auf den Schelmenroman.

80 Seiten, kart. **Bestell-Nr. 0598–3**

Sachanalyse – Ausgewählte Historien – Motivquerverbindungen zu Schelmenromanen des 16. und 17. Jahrhunderts – Vorschläge für die Behandlung im Unterricht u. a.

Bernd Matzkowski/Ernst Sott

Basisinterpretationen für den Literatur- und Deutschunterricht IV

36 moderne deutsche Kurzgeschichten mit Arbeitsfragen.

112 Seiten, kart. **Bestell-Nr. 0599–1**

Interpretation der Kurzgeschichten **mit Arbeitsfragen** zu
ARBEITSTEXTE FÜR DEN UNTERRICHT (Reclam)
Deutsche Kurzgeschichten 11.–13. Schuljahr
und Pratz/Thiel:
NEUE DEUTSCHE KURZGESCHICHTEN (Diesterweg)

Karin Cohrs/Martin H. Ludwig

Basisinterpretationen für den Literatur- und Deutschunterricht V

Romane und Novellen des 19. Jahrhunderts

120 Seiten, kart. **Bestell-Nr. 0631–9**

Aus dem Inhalt:
Einleitung, Politik und Kultur des 19. Jahrhunderts – Interpretationen ausgewählter Romane und Novellen.

Kurzbiographie des Dichters – Entstehung des Werkes – Inhalt – Charaktere – Situationen – Erschließung des Textes (stilistische Besonderheiten, literaturhistorischer Rahmen, gesellschaftliche und politische Bezüge usw.), Arbeitsfragen.
Hoffmann, Das Fräulein von Scuderi – Kleist, Das Erdbeben in Chili – Mörike, Maler Nolten – Gotthelf, Wie Uli der Knecht glücklich wird – Storm, Immensee – Droste-Hülshoff, Die Judenbuche – Raabe, Die Akten des Vogelgesangs – Fontane, Der Stechlin – Eichendorff, Aus dem Leben eines Taugenichts – Keller, Die drei gerechten Kammacher – Storm, Hans und Heinz Kirch – Raabe, Die schwarze Galeere – Fontane, Schach von Wuthenow – Hauptmann, Bahnwärter Thiel.

Rüdiger Giese/Christian Floto

Basisinterpretationen für den Literatur- und Deutschunterricht VI

Romane und Novellen aus dem 20. Jahrhundert

112 Seiten, Kart. **Bestell-Nr. 0473**

Schnitzler, Leutnant Gustl – Mann, Tod in Venedig – Kafka, Die Verwandlung – Hesse, Der Steppenwolf – Kästner, Fabian – Mann, Mephisto – Zweig, Schachnovelle – Böll, Haus ohne Hüter – Wolf, Der geteilte Himmel – Kempowski, Tadellöser und Wolff

Bausteine – Deutsch

stellt detaillierte Unterrichtsstunden zur Behandlung unterschiedlichster Texte für die Sekundarstufen I und II vor.

Anordnung der Stunden als Sequenzen – Texte und Textanalysen – Didaktisch-methodische Arbeitshinweise – praktisch zu handhaben.

Angesprochen sind Lehrer und Lehramtsanwärter aller Schulformen.

Autoren sind: Praktiker – Ausbilder – Fachwissenschaftler aus allen Schulformen.

Bausteine Lyrik I

Spiel mit Sprache / Lyrischer Humor / Konkrete Poesie
160 Seiten, kart. **Bestell-Nr. 0650–5**

Bausteine Lyrik II

Ballade / Modernes Erzählgedicht / Chanson / Politische Lyrik / Thema- und Motivverwandtschaft
164 Seiten, kart. **Bestell-Nr. 0651–3**

Gerhart Hauptmann: Die Weber
Bestell-Nr. 652

Max Frisch: Homo Faber
Bestell-Nr. 653

Theodor Storm: Pole Poppenspäler
Bestell-Nr. 654

Albert Camus: Die Pest
Bestell-Nr. 655

George Orwell: 1984 / Animal Farm
Bestell-Nr. 656

Thomas Mann: Tonio Kröger
Bestell-Nr. 657

Goethe-Plenzdorf: Werther
Bestell-Nr. 658

Storm: Der Schimmelreiter
Bestell-Nr. 659

Lessing: Nathan der Weise
Bestell-Nr. 660

Dürenmatt: Der Richter und sein Henker
Bestell-Nr. 661

Goethe: Faust I/II
Bestell-Nr. 662

Eichendorff: Taugenichts
Bestell-Nr. 663

Hesse: Der Steppenwolf
Bestell-Nr. 664

Franz Kafka: Kurze Prosaformen
Bestell-Nr. 665

Joh. Wolfg. von Goethe: Iphigenie auf Tauris
Bestell-Nr. 666

Bert Brecht: Leben des Galilei
Bestell-Nr. 667

Dichtung in Theorie und Praxis

Texte für den Unterricht

Jeder Band ist – wie der Reihentitel bereits aussagt – in die Teile Theorie und Praxis gegliedert; darüber hinaus werden jeweils zahlreiche Texte geboten, die den Gliederungsstellen zugeordnet sind. Ein Teil Arbeitsanweisungen schließt sich an, der entweder Leitfragen für die einzelnen Abschnitte oder übergeordnete oder beides bringt.

Bestell-Nr.

450 Die Lyrik
451 Die Ballade
452 Das Drama
453 Kriminalliteratur
454 Die Novelle
455 Der Roman
456 Kurzprosa (Kurzgeschichte, Kalendergeschichte / Skizze / Anekdote)
457 Die Fabel
458 Der Gebrauchstext
459 Das Hörspiel
460 Trivialliteratur
461 Die Parabel
462 Die politische Rede
463 Deutsche Lustspiele und Komödien

Weitere Bände in Vorbereitung

Egon Ecker

Wie interpretiere ich Novellen und Romane?

Methoden und Beispiele
2. Auflage, 180 Seiten **Bestell-Nr. 0632–7**

Notizen zur Betrachtung eines dichterischen Textes – Zur Technik der Interpretation.

Beispiele:
Keller, Drei gerechte Kammacher

Novellen:
Büchner, Lenz – Storm, Schimmelreiter – Andres, Die Vermummten

Romane:
Mann, Königl. Hoheit – Frisch, Homo Faber – Andres, Knabe im Brunnen – Andersch, Sansibar.
Zur Theorie der Novelle – Zur Theorie des Romans – Gliederungsvorschläge – Themenvorschläge – Literaturverzeichnis.

Egon Ecker

Aufsatz mit Grammatik

3./4. Jahrgangsstufe

mit zahlreichen Abbildungen
88 Seiten **Bestell-Nr. 0578–9**

Für die vorbereitenden Übungen auf den Besuch von weiterführenden Schulen soll den Schülern und deren Eltern hier ein Hilfsmittel gegeben werden, welches den neuesten Erfordernissen gerecht wird.

Inhalt: Bericht – Schilderung – Beschreibung – Erzählung – Wortfamilien und Wortfelder – Lösungsvorschläge u. v. a.

Egon Ecker

Rechtschreibung und Diktate

3./4. Jahrgangsstufe

3. Auflage, 112 Seiten **Bestell-Nr. 0579–7**

Als Band für die Vorbereitung des Übertritts in andere Schularten gibt der Autor ein Hilfsmittel zur richtigen Schreibweise und Anwendung der deutschen Sprache.

Inhalt: Groß- und Kleinschreibung – Gleich und ähnlich klingende Laute – Dehnung – Schärfung – Silbentrennung – Sprachlehre – Satzmodelle – Diktatstoffe – Lösungen u. v. a.

Epochen deutscher Literatur

Kurzgefaßte Abhandlungen für den Deutschunterricht an weiterführenden Schulen.

Bestell-Nr. 0480
Die deutsche Romantik I
Frühromantik

Bestell-Nr. 0481
Realismus des 19. u. 20. Jahrhunderts

Bestell-Nr. 0482
Impressionismus und Expressionismus

Bestell-Nr. 0483
Sturm und Drang

Bestell-Nr. 0484
Die deutsche Romantik II
Spätromantik

Bestell-Nr. 0485
Die deutsche Klassik

Gerd Eversberg
Wie verfasse ich ein Referat?
Hinweise für die Informationsbeschaffung und -verarbeitung für den Literaturunterricht.

2. Auflage, 116 Seiten **Bestell-Nr. 0582–7**

Dieser Band soll den Schülern transparentes Arbeiten lehren. Das Themenbeispiel orientiert sich an der Schulpraxis und wurde auch erfolgreich erprobt.

Inhalt: Bibliographieren – Zitieren – Materialsammlungen – Bibliotheksbenutzung – Entleihen – Fernleihverkehr – Verlagskataloge und Buchhandlung – Manuskriptgestaltung – Referieren – Diskutieren.

Gerd Eversberg
Textanalyse 1
Umgang mit fiktionalen (literarischen) Texten
152 Seiten **Bestell-Nr. 0641–6**

Aus dem Inhalt:

I. Der Begriff des fiktionalen Textes: Das „Ästhetische" der Literatur – Betrachtungsweisen von Literatur – Literarische Wertung.

II. Probleme der Interpretation: Der Prozeß des „Verstehens" – Methoden der Literaturinterpretation – Arbeitstechniken (Textwiedergabe / Texterarbeitung / Texterörterung).

III. Beispiele für Interpretationen: Epische Texte – Dramatische Texte – Gedichte.

IV. Massenliteratur.

Textanalyse 2
Umgang mit nichtfiktionalen (Gebrauchs-)Texten
144 Seiten **Bestell-Nr. 0642–4**

Aus dem Inhalt:

I. Der Textbegriff.

II. Eine Typologie von Gebrauchstexten.

III. Bedingungen der Textanalyse.

IV. Methoden der Textanalyse: Textwiedergabe – Textbeschreibung – Texterörterung.

V. Beispiele für Textanalysen: Darstellende Texte (Sachtexte/Wissenschaftliche Texte) – Werbende Texte (Werbetexte/Politische Reden) – Gesetzestexte.

Gebrauchstextanalysen
– Methoden und Beispiele –

2. Auflage, 80 Seiten **Bestell-Nr. 0588–6**

Herausgegeben von einem Arbeitskreis der Pädagogischen Akademie Zams.

Aus dem Inhalt:

I. Warum Textuntersuchung? Begriffserklärungen.

II. Textanalyse – Textkritik

Vorgestellt werden nur drei Möglichkeiten einer Analyse:

a) Kommunikationstheoretischer Aspekt

b) stilistischer Aspekt

c) soziologischer Aspekt

III. Gebrauchstexte verschiedener Art, die auf o. a. Aspekte hin untersucht, bzw. kritisiert wurden.

Ordnung der Texte nach Themenkreisen: Werbetexte – Ferienprospekte – Kinoprogramme – Diverse Jugendzeitschriften (Bravo u. a.) – Illustrierte und Frauenzeitschriften (Frau im Spiegel u. a.) – Schullesebücher – Geschichtsbücher – Tagesberichterstattung: Politische Beiträge/kulturelle Beiträge – Literarische Texte.

Deutsch auf der neugestalteten gymnasialen Oberstufe
Ein erfahrener Praktiker legt mit dieser Buchreihe Unterrichtshilfen für Schüler und Lehrer der Grund- und Leistungskurse vor.

Robert Hippe
Mündliche und schriftliche Kommunikation
2. Aufl., 104 Seiten **Bestell-Nr. 0563–0**

Sprache – Sprache und Verständigung

Grundbegriffe der Kommunikation – Die drei Dimensionen des Zeichens – Verschiedene Arten von Zeichen – Sprache und Norm

– Die Rede
– Das Referat
– Die Diskussion
– Das Protokoll
– Die Inhaltsangabe
– Die Erörterung

Robert Hippe
Umgang mit Literatur
2. Auflage, 116 Seiten **Bestell-Nr. 0564–9**

Definition von Literatur – Grundformen von Literatur – Merkmale der Lyrik – Merkmale der Epik – Merkmale der Dramatik – Formprobleme der Literatur – Aufbauprobleme in der Literatur – Arten der Interpretation – Was ist Interpretation – Literatur und Wirklichkeit u. v. a.

Robert Hippe

Sprach- und Textbetrachtungen

132 Seiten **Bestell-Nr. 0569–X**

Sprachbetrachtung

Historisch – Theorien über die Entstehung der Sprache(n) – Die indogermanische (idg.) Sprachfamilie – Die geschichtliche Entwicklung des Hochdeutschen – Lehn- und Fremdwörter – Sprachrätsel und Sprachspiele – Auswahl-Bibliographie.

Systematisch – Grammatik – Die traditionelle Grammatik – Die generative Transformationsgrammatik – Die strukturelle Grammatik.

Textbetrachtung

Allgemeines – Definition von Text – Textsorten – Beispiele – Übungen – Auflösung der Rätsel.

Robert Hippe

Textanalysen

mit Aufgaben und Übungen

2. Aufl., 120 Seiten **Bestell-Nr. 0586–X**

Einleitung: Über Text, Textbeschreibung und Textanalyse

I. Fiktionale (literarische) Texte

Lyrik

(Barock, Sturm und Drang, Klassik, Romantik, Realismus, Expressionismus, Hofmannsthal und Rilke, Lyrik nach 1945, Motivgleiche Gedichte). Jeweils an Beispielen erklärt.

Epik

(Roman, Novelle, Märchen, Fabel, Kurzgeschichte, Sonderform des Essays)

Dramatik

II. Unterhaltungs- und Trivialliteratur

III. Nicht-fiktionale (nicht literarische) Texte

Werbetexte – Gesetzestexte – Kochrezepte – Redetext (rhetorischer Text)

Robert Hippe

Der deutsche Aufsatz auf der neugestalteten gymnasialen Oberstufe

Anleitungen – Ausarbeitungen – Gliederungen. Hinweise und Themenvorschläge, Methoden und Beispiele.

160 Seiten **Bestell-Nr. 0592–4**

Vom Besinnungs-Problemaufsatz über die Facharbeit zum literarischen Aufsatz beinhaltet der Band Themenkreise wie Textanalysen, Erörterung, Referat, Inhaltsangaben und Hinweise zur Arbeitstechnik. Viele Beispiele aus verschiedenen Themenkreisen runden das Buch ab.

Für Lehrer und Schüler zur Unterrichtsvorbereitung ein nützliches Hilfsmittel.

Robert Hippe

Kurzgefaßte deutsche Grammatik und Zeichensetzung

7. Auflage, 72 Seiten **Bestell-Nr. 0515–0**

Ein Abriß der deutschen Grammatik systematisch und fundamental dargeboten; beginnend mit den Wortarten, Betrachtung der Satzteile und Nebensätze bis zu den Satzzeichen, Beispiele durchsetzen das Ganze, und Lösungen sollen Fehler auffinden helfen. Ein nützliches in Tausenden von Exemplaren bewährtes Übungs- und Nachhilfebuch.

Robert Hippe

Interpretationen zu 62 ausgewählten motivgleichen Gedichten

mit vollständigen Gedichtstexten

5. Auflage, 102 Seiten **Bestell-Nr. 0517–7**

Der Verfasser hat die wiedergegebenen Interpretationen und Auslegungen in langen Gesprächen und Diskussionen mit Oberprimanern erarbeitet. Die hier angebotenen Deutungsversuche erheben keinen Anspruch auf die einzig möglichen oder richtigen, sondern sollen Ausgangspunkte für Weiterentwicklungen und Erarbeitungen sein.

Aus dem Inhalt: Themen wie Frühling – Herbst – Abend und Nacht – Brunnen – Liebe – Tod – Dichtung u. v. a.

Robert Hippe

Interpretationen zu 50 modernen Gedichten

mit vollständigen Gedichtstexten

3. Auflage, 136 Seiten **Bestell-Nr. 0597–5**

Der vorliegende Band verspricht Interpretationshilfe und Deutungsversuche – in unterschiedlicher Dichte und Ausführlichkeit – für 50 moderne Gedichte. Materialien und Auswahlbibliographie geben den Interessenten Hilfen für den Deutsch- und Literaturunterricht. Für den Lehrer eine echte Bereicherung zur Vorbereitung des Unterrichts.

Aus dem Inhalt: Lasker-Schüler – Hesse – Carossa – Benn – Britting – Brecht – Eich – Kaschnitz – Huchel – Kästner – Bachmann – Piontek – Celan – Härtling – Reinig – Grass – Enzensberger u. v. a.

Robert Hippe

Kurzgefaßte deutsche Rechtschreiblehre

64 Seiten **Bestell-Nr. 0545–2**

Im ersten Teil dieses Buches findet man die wichtigsten Regeln der deutschen Rechtschreibung.

Der zweite Teil besteht aus 36 Übungstexten zu diesen Regeln zum Erlernen, Einprägen und Wiederholen. Die Lösungen am Schluß des Bandes dienen zur Kontrolle.

Robert Hippe

Der Unter- und der Mittelstufenaufsatz

6. Auflage, 84 Seiten **Bestell-Nr. 0519–3**

Anleitungen – Ausarbeitungen – Gliederungen – Themenvorschläge u. v. a.

jeweils mit Lösungsschlüssel

A. Unterstufe

Erlebnisschilderung oder -erzählung

Vorgangsschilderung oder -erzählung

Die Nacherzählung, die Erklärung oder Arbeitsanweisung, Vorgangsbericht oder Beschreibung, Inhaltsangabe

B. Mittelstufe

Die Schilderung, Stimmungsbild, Charakteristik, Bericht und Inhaltsangabe, sachliches Schreiben, Facharbeit, Erörterung u. a.

Interpretationen motivgleicher Gedichte in Themengruppen

mit vollständigen Gedichtstexten

Band 1: Edgar Neis

Der Mond in der deutschen Lyrik

80 Seiten **Bestell-Nr. 0620–3**

Arp – Bischoff – Borchert – Boretto – Britting – Brokkes – Bürger – Claudius – Däubler – Droste-Hülshoff – Geibel – Gleim – Goethe – Härtling – Heine – Holz – Klopstock – Krähenbühl – Krolow – Lange – Lehmann – Leonhard – Lichtenstein – zur Linde – Maurer – Morgenstein – Rasche – Rühmkorf – v. Stollberg – Trakl – v. d. Vring – Werfel – Wiens.

Band 2: Edgar Neis

Politische-soziale Zeitgedichte

2. Auflage, 112 Seiten **Bestell-Nr. 0621–1**

Bachmann – Biermann – Brecht – Bürger – Celan – Dehmel – Domin – Enzensberger – Le Fort – Freiligrath – Gryphius – Hädecke – Hagelstange – Heine – Herwegh – Keller – Kerr – Logau – Marti – Platen – Sabias – Salis – Schenkendorf – Schiller – Schreiber – Schubart – Tucholsky – W. v. d. Vogelweide – Weitbrecht – Wildenbruch.

Band 3: Edgar Neis

Der Krieg im deutschen Gedicht

2. Auflage, 112 Seiten **Bestell-Nr. 0622–X**

Bender – Benn – Biermann – Binding – Brambach – Brecht – Claudius – Dehmel – Eich – Flex – Le Fort – Fried – Gleim – Goethe – Hakel – Heise – Heym – Hölderlin – Höllerer – Huchel – Jahn – Jean Paul – Kaschnitz – Kästner – Körner – Leip – Lersch – Leonhard – Liliencron – Logau – Menzel – Mosen – Mühsam – Münchhausen – Neumann – Nick – W. Paul – Sachs – Schiller – Schnurre – Schuhmann – Stramm – Toller – Toussel – Trakl – Tumler – Vogel – Wiechert.

Band 4: Robert Hippe

Die Liebe im deutschen Gedicht

2. Auflage, 80 Seiten **Bestell-Nr. 0623–8**

Benn – Brecht – Eichendorff – George – Gleim – Goethe – Günther – Hesse – Hofmannsthal – Jacobi – Kästner – Krolow – Lasker-Schüler – Lenau – Liliencron – C. F. Meyer – H. v. Mohrungen – Mörike – Münchhausen – Opitz – Reinig – Rilke – Storm – Stramm – W. v. d. Vogelweide – Weickherlin.

Band 5: Robert Hippe

Der Tod im deutschen Gedicht

2. Auflage, 80 Seiten **Bestell-Nr. 0624–6**

Bächler – Benn – Brecht – Celan – Claudius – Droste-Hülshoff – Eich – Goethe – Gryphius – Hesse – Heym – Hofmannsthal – Hofmannswaldau – Höllerer – Kaltneker – Keller – Klopstock – C. F. Meyer – Mörike – Nick – Nietzsche – Novalis – Rilke – Schiller – Storm – Stramm – Trakl – Uhland.

Band 6: Robert Hippe

Die Jahreszeiten im deutschen Gedicht

2. Auflage, 80 Seiten Bestell-Nr. 0625–4

Benn – Britting – Claudius – George – Gerhardt – Goes – Goethe – Hagedorn – Heine – Hebbel – Hesse – Hofmannsthal – Hölderlin – Hölty – Huchel – Lenau – Logau – C. F. Meyer – Mörike – Rilke – Stadler – Storm – Trakl – Uhland – W. v. d. Vogelweide.

Band 7: Robert Hippe

Deutsche politische Gedichte

2. Auflage, 68 Seiten **Bestell-Nr. 0626–2**

Baumann – Biermann – Becher – Below – Brecht – Delius – Enzensberger – Fried – Fürnberg – Gomringer – Grass – Heine – Hoffmann v. Fallersleben – Holzapfel – Karsunke – Kunert – Luckhardt – Morawietz – Pottier – Radin – v. Saar – Scherchen – Schneckenburger – U. Schmidt – Schumann – Vesper – Walraff – Weinheber – Wessel – Zimmering.

Band 8: Edgar Neis

Die Welt der Arbeit im deutschen Gedicht

100 Seiten **Bestell-Nr. 0627–0**

Barthel – Bartock – Billinger – Brambach – Bröger – Chamisso – Dehmel – Dortu – Engelke – Freiligrath – Grisar – Heine – Herwegh – Jünger – Krille – Lersch – Lessen – Naumann – Petzold – Pfau – Piontek – Rilke – Schreiber – Seidel – Weerth – Weinheber – Wieprecht – Winckler – Zech.

Band 9: Edgar Neis

Deutsche Tiergedichte

136 Seiten **Bestell-Nr. 0628–9**

Barth – Bergengruen – Billinger – Boretto – Brecht – Britting – Busch – Claes – Dauthendey – Dehmel – Domin – Droste-Hülshoff – Eggebrecht – Eich – Freiligrath – Gellert – Gleim – Goethe – Grillparzer – Groth – Härtling – Hagedorn – Haushofer – Hausmann – Hebbel – Heine – Hesse – Huchel – F. G. Jünger – W. Lehmann – Liliencron – A. G. Kästner – Keller – Kolmar – Krolow – C. F. Meyer – Morgenstern – Pfeffel – Piontek – Rilke – Ringelnatz – Eugen Roth – N. Sachs – Schaefer – Trakl – Vring – Weinheber – Wiedner – Zachariae – Zuckmayer.

Band 10: Edgar Neis

Städte und Landschaften im deutschen Gedicht

168 Seiten **Bestell-Nr. 0629–7**

Teil I: Borchert – Sidow – Guesmer – Rilke – Grass – Le Fort – Karsunke – Aue – Zeller – Loerke – Fontane – Eich – Bleisch – Körner – Hauptmann – Bobrowski – Stadler – Goll – Reinfrank – Kunze – Zech – Becker – Droste-Hülshoff – Busta – Heine – Altenbernd – Wiedner – Stoltze – Kaschnitz – Hannsmann – Schnack – Hölderlin – Barthel – Mörike – Britting – George – Roth.

Teil II: Fontane – Heise – Kalkreuth – Zweig – Rilke – Rheiner – Goll – Salus – Brecht – Bachmann – Lehmann – Wagner – Benn – Schneider – v. Platen – Huchel – Hesse – Krappen – Kaschnitz – Celan – Britting – Kasack – Krauss – Boretto – Schaefer – Bachmann – v. d. Vring.

Interpretationen zeitgenössischer Kurzgeschichten

Edgar Neis

5. Auflage, 80 Seiten **Bestell-Nr. 0600–9**

Band 1: Aichinger, Puppe – Bender, Schafsblut – Bergengruen, Fahrt des Herrn von Ringen – Böll, Ungezählte Geliebte – Brecht, Unwürdige Greisin – Britting, Märchen vom dicken Liebhaber – Ernst, Förster und Wilddieb – Le Fort, Turm der Beständigkeit – Hochhuth, Berliner Antigone – Hofmannsthal, Lucidor – Kafka, Ehepaar – Kaschnitz, Das dicke Kind / Schneeschmelze – Kühner, Es gibt doch noch Wunder – Malecha, Probe – Risse, Gottesurteil – O. Schaefer, Frühe Vision – W. Schäfer, Mozarts Begräbnis – Schnabel, Hundert Stunden vor Bangkok / Sie sehen den Marmor nicht.

Robert Hippe

5. Auflage, 80 Seiten **Bestell-Nr. 0601–7**

Band 2: Andres, Trockendock – Benn, Gehirne – Bergengruen, Arzt von Weißenhasel / Legende von den zwei Worten – Böll, Bahnhof von Zimpren / Besenbinder / Erinnerungen eines jungen Königs / So ein Rummel – Brecht, Augsburger Kreidekreis – Döblin, Ermordung einer Butterblume – Dürrenmatt, Tunnel – Eich, Stelzengänger – Franck, Das verstandene Gedicht – Gaiser, Ein Mensch, den ich erlegt habe – Hampel, Das mit dem Mais – Hildesheimer, Eine größere Anschaffung – Kafka, Kübelreiter / Sorge des Hausvaters – Kasack, Mechanischer Doppelgänger – Langgässer, Die getreue Antigone / Untergetaucht – Musil, Portugiesin – Risse, Verkehrsunfall – Schnurre, Ein Fall für Herrn Schmidt.

Karl Brinkmann

4. Auflage, 80 Seiten **Bestell-Nr. 0602–5**

Band 3: Aichinger, Plakat – Alverdes, Die dritte Kerze – Böll, Damals in Odessa / Mann mit den Messern / Lohengrins Tod / Wanderer kommst du nach Spa . . . – Borchert, Die lange, lange Straße lang / Generation ohne Abschied / Lesebuchgeschichten – Eisenreich, Ein Augenblick der Liebe – Gaiser, Brand im Weinberg / Du sollst nicht stehlen – Langgässer, Die zweite Dido / Glück haben – Lenz, Jäger des Spottes – Schnurre, Die Tat – Spang, Seine große Chance – Spervogel, Hechtkönig – Wiechert, Hauptmann v. Kapernaum / Hirtenknabe.

Martin Pfeifer

4. Auflage, 84 Seiten **Bestell-Nr. 0603–3**

Band 4: Aichinger, Hauslehrer / Nichts und das Boot – Bender, Die Wölfe kommen zurück – Böll, Über die Brücke / Es wird etwas geschehen – Brecht, Mantel des Ketzers – Britting, Brudermord im Altwasser – Eich, Züge im Nebel – Ernst, Das zweite Gesicht – Fallada, Lieber Hoppepoppel – Franck, Taliter – Hesse, Beichtvater / Bettler – Johnson, Jonas zum Beispiel – Kusenberg, Eine ernste Geschichte – Langgässer, Saisonbeginn – Le Fort, Frau des Pilatus – Meckauer, Bergschmiede – Pohl, Yannis letzter Schwur – Rinser, David – Schäfer, Hirtenknabe – Schallück, Der Tod hat Verspätung – v. Scholz, Das Inwendige – Walser, Ein schöner Sieg – Weisenborn, Aussage.

Edgar Neis

3. Auflage, 56 Seiten **Bestell-Nr. 0604–1**

Band 5: Borges, Das geheime Wunder – Calderón, Invasion – Callaghan, ein sauberes Hemd – Campos, Solidarität – Carson, Ein Mädchen aus Barcelona – Hemingway, Die Killer – Huxley, Schminke – Joyce, Eveline – Katajew, Die Messer – Mansfield, Für sechs Pence Erziehung – Manzoni, Die Repräsentiertasse – Olescha, Aldebaran – Saroyan, Vom Onkel des Barbiers, dem von einem Zirkustiger der Kopf abgebissen wurde – Sartre, Die Mauer – Timmmermans, Die Maske.

Karl Brinkmann

3. Auflage, 80 Seiten **Bestell-Nr. 0605–X**

Band 6: Andersch, Sehnsucht nach Sansibar – Böll, Wie in schlechten Romanen / Undines gewaltiger Vater – Gaiser, Das Wespennest / Fünfunddreißig Meter Tüll / Der Motorradunfall – Grass, Der Ritterkreuzträger – Hildesheimer, Nächtliche Anrufe – Holthaus, Geschichten aus der Zachurei / Allgemeines / Wo liegt Zachzarach / Das Wirtshaus Zum Vollautomatischen Bären – Lenz, Masurische Geschichte / Der Leseteufel / So schön war mein Markt / Der große Wildenberg – Kramp, Was der Mensch wert ist – Reding, Die Bulldozer kamen / Während des Films / Jerry lacht in Harlem / Fahrerflucht – Schnurre, Wovon der Mensch lebt – Walser, Die Artikel, die ich vertrete.

Rudolf Kanzler

64 Seiten **Bestell-Nr. 0606–8**

Band 7: Aichinger, Die Silbermünze – Altendorf, Der Knecht Persenning – Andersch, Ein Auftrag für Lord Glouster – Bauer, Hole deinen Bruder an den Tisch – Britting, Der Gang durchs Gewitter – Dörfler, Die Kriegsblinde – Hesse, Das Nachtpfauenauge – Hildesheimer, Der Urlaub – Kaschnitz, Gespenster – Lenz, Die Nacht im Hotel – Th. Mann, Das Eisenbahnunglück – Noack, Die Wand – Ohrtmann, Der Sched ist wieder da – Rinser, Der fremde Knabe – Schallück, Unser Eduard – Wiechert, mein erster Adler.

Edgar Neis

80 Seiten **Bestell-Nr. 0607–6**

Band 8: Andersch, Grausiges Erlebnis – Bachmann, Alles – Bender, In der Gondel / Fondue – Bichsel, Tochter – Bobrowski, Epitaph für Pinnau – Bolliger, Verwundbare Kindheit – Brecht, Wiedersehen – Eisenreich, Der Weg hinaus – Fritz, Schweigen vieler Jahre – Führmann, Judenauto / Schöpfung – Gaiser, Gazelle grün – Heissenbüttel, Wassermaler – Kaschnitz, Das rote Netz – Kunert, Fahrt mit der S-Bahn – Nossack, Das Mal – Reinig, Drei Schiffe – A. Schmidt, Resümee – Walser, Tänzer / Knabe – Wohmann, Ich Sperber / Der Schwan / Knurrhahn-Stil.

Robert Hippe

72 Seiten **Bestell-Nr. 0608–4**

Band 9: Aichinger, Fenster-Theater – Bichsel, Holzwolle – Brecht, Vier Männer und ein Pokerspiel – Frank, Die Monduhr – Fuchs, Gedankenaustausch – Geißler, Kalte Zeiten III – Heckmann, Die Wohltaten des Löffels / Das Henkersmahl – Holthaus, Wahrhaftige Geschichte von der Spazierfahrt – Kaschnitz, Popp und Mingel / Christine – Klose, Am roten Forst – Kunert, Andromeda zur Unzeit – Lenz, Die große Konferenz – Magiera, In den Sand geschrieben – Marti, Neapel sehen – Mechtel, Ein kleiner Tag –

Nossack, Helios GmbH – Novak, Schlittenfahren – Weissenborn, Die Stimme des Herrn Gasenzer / Die Sache mit Dad – Wohmann, Denk immer an heut' nachmittag – Weyrauch, Mit dem Kopf durch die Wand – Wohmann, Die Klavierstunde – Zeller, Der Turmbau.

Edgar Neis

80 Seiten **Bestell-Nr. 0609–2**

Band 10: Bernhard, Die Mütze – Bichsel, San Salvador / Ein Tisch – Bobrowski, Lipmanns Leib – Brecht, Das Experiment – Brückner, Lewan / Schwierigkeiten beim Ausfüllen eines Meldezettels / Ein Pferd ist ein Pferd – Dürrenmatt, A's Sturz – Gaiser, Fällung eines Teichs – Hildesheimer, Nachtigall – F. G. Jünger, Urlaub – Kaschnitz, Eisbären – Koeppen, Baseballspieler – Kunert, Zirkuswesen – Musil, Das Fliegenpapier – Novak, Abgefertigt – Reinig, Skorpion – A. Schmidt, Sommermeteor – Weyrauch, Beginn einer Rache.

Wolfgang Kopplin

Kontrapunkte

160 Seiten **Bestell-Nr. 0547–9**

Kontroversinterpretationen zur modernen deutschsprachigen Kurzprosa.

Prosatexte, zwischen 1963 und 1975 entstanden, dienen dem Autor dazu, die dialektische Methode des Pro und Kontra als Interpretationsansatz anzuwenden. Dem Primärtext schließen sich jeweils die Kontroversinterpretationen an. Ein Buch, welches Anregungen zum Verstehen und zur Entschlüsselung von Texten gibt.

Inhalt: Texte von Artmann – Bichsel – Dellin – Gerz – Gregor – Kunert – Reinig – Schnurre u. a. werden in einer Pro- und Kontra-Interpretation vorgestellt.

Albert Lehmann

Erörterungen

Gliederungen und Materialen
Methoden und Beispiele

2. verb. Auflage, 160 Seiten **Bestell-Nr. 0637–8**

Die vorliegende Sammlung von 52 Gliederungen, die durch Erläuterungen – vornehmlich Beispiele – zu den einzelnen Gliederungspunkten erweitert sind, sollen die Wiederholung des Jahresstoffes erleichtern.

Stoffkreisthemen: Natur – Tourismus – Technik – Freizeit – Arbeit/Beruf – Konflikte zwischen den Generationen – Die Stellung der Frau in der Gesellschaft – Entwicklungsländer – Sport – Massenmedien und viele Einzelthemen.

Für Lehrer ein unentbehrliches Nachschlage- und Vorbereitungsbuch.

Birgit Lermen/
Matthias Loewen

Trickfilm als didaktische Aufgabe

Band 1: Sekundarstufe I
232 Seiten – Fotos, kart. **Bestell-Nr. 0618–1**

Band 2: Sekundarstufe II
216 Seiten – Fotos, kart. **Bestell-Nr. 0619–X**

Die Untersuchung über den Trickfilm als didaktische Aufgabe trägt der unterschiedlichen Ausgangslage in den beiden Stufen des Sekundarunterrichts Rechnung durch die Aufteilung in zwei Bände.

Band 1 stellt sich gezielt auf die Bedürfnisse und Erwartungen der Sekundarstufe I ein. Aus der Eigenart des Mediums Trickfilm wird ein Analyse-Instrumentarium entwickelt, dessen Brauchbarkeit an 13 Filmen unterschiedlicher Herkunft erprobt wird. Auf der damit geschaffenen Grundlage wird ein didaktisch-methodisches Konzept erstellt.

Band 2 orientiert sich an den Bedürfnissen der Sekundarstufe II. Eine semiotische Einführung erweitert und vertieft die in Band I erstellte Grundlage. Im Mittelpunkt stehen wieder die Einzelanalysen, deren Zahl des größeren Umfangs wegen auf zwölf reduziert ist.

Wie in Band I soll beides – Analysen und Einführung – als Basis dienen für didaktische Fragestellungen und Entscheidungen.

Die Auswahl der Filme wurde in beiden Bänden bestimmt durch:

a) das Ausleihangebot der Stadt- und Kreisbildstellen in der Bundesrepublik,
b) die ästhetische Qualität,
c) die thematische Relevanz,
d) die didaktische Potenz.

Martin H. Ludwig

Das Referat

Kurze Anleitung zu einer Erarbeitung und Abfassung für Schüler und Studenten.

geh. **Bestell-Nr. 0646–7**

Planen und Sammeln – Bibliographieren – Schreiben und Zitieren – Lesen und Notieren – Auswerten und Gliedern – Der Text – Der Vortrag.

Methoden und Beispiele der Kurzgeschichten-Interpretation

3. Auflage, 64 Seiten **Bestell-Nr. 0585–1**

Herausgegeben und erstellt von einem Arbeitskreis der Pädagog. Akademie Zams.

Methoden: Werkimmanente, existenzialistische, grammatische, stilistische, strukturelle, kommunikative, soziologische, geistesgeschichtliche, historisch/biographisch/symbolistische Methode.

Beispiele: Eisenreich – Cortázar – Dürrenmatt – Brecht – Horvath – Bichsel – Kaschnitz – Lenz – Weißenborn – Rinser – Borchert – Nöstlinger – Wölfel – Langgässer.

An Beispielen ausgewählter Kurzgeschichten werden die einzelnen Methoden der Interpretation demonstriert und erläutert. Information und Nachschlagewerk für den Unterricht in den Sekundarstufen.

Edgar Neis

Das neue große Aufsatzbuch

– Methoden und Beispiele des Aufsatzunterrichts für die Sekundarstufen I und II –
212 Seiten, kart. **Bestell-Nr. 0636–X**

Inhalt:
Zur Technik des Aufsatzschreibens – Stoffsammlung und Disposition – Wie schreibe ich eine Charakteristik? – Wie schreibe ich eine Erörterung? – Der dialektische Besinnungsaufsatz – Themen und Aufsätze zu Problemen unserer Zeit – Aufsätze zur Literatur – Wege der Texterschließung – Interpretationshinweise – Fachbegriffe der Aufsatzlehre (Lexikon der Terminologien) – Vorschläge für Aufsatzthemen – Themenkatalog für das Ende des 20. Jahrhunderts – Literaturnachweis.
Dieses Buch richtet sich an Lehrer und Schüler von Haupt-, Real- und Oberschulen (Gymnasien).
Breit einsetzbar in Grund- und Leistungskursen.

Edgar Neis

Deutsche Diktatstoffe
–Unterstufe–

3. bis 7. Jahrgangsstufe
5. Auflage, 64 Seiten Bestell-Nr. 0524–X

Moderne deutsche Diktatstoffe
–Sekundarstufe I–
5.- 10. Jahrgangstufe **Bestell-Nr.: 0693-9**

Beide Bände sollen der Einübung und Wiederholung der Rechtschreibung und Zeichensetzung dienen.
Jeder Band gliedert sich in zwei Teile, einen systematischen Teil, der zielbewußter Einübung von Wörtern, deren Schreibung Schwierigkeiten bereitet, dient und einen allgemeinen Teil. Dieser bringt zusammenhängende Diktatstoffe aus dem deutschen Schrifttum. Die Namen der Verfasser bürgen für die Stilhöhe der einzelnen Texte.

Edgar Neis

Interpretationen von 66 Balladen, Erzählgedichten und Moritaten

Analysen und Kommentare
4. Auflage, 176 Seiten **Bestell-Nr. 0590–8**
Balladen des 18., 19. und 20. Jahrhunderts werden in diesem für Lehrer, Studenten und Schüler bestimmten Band ausführlich interpetiert und durch Erklärungen Verständnis für diese Art Dichtung geweckt. Eine unentbehrliche Hilfe für den Deutsch- und Literaturunterricht.
Aus dem Inhalt: Bürger – Herder – Goethe – Schiller – Uhland – Eichendorff – Heine – Droste-Hülshoff – Miegel – Brecht – Huchel – Celan – Chr. Reinig – Kunert u. v. a.

Edgar Neis

Interpretationen motivgleicher Werke der Weltliteratur

2. Auflage, je 144 Seiten
Dramatische, epische und lyrische Gestaltung der bekanntesten Stoffe der Weltliteratur werden mit knappen Inhaltsangaben vorgestellt und miteinander vergleichend interpretiert.

Band 1:
Mythische Gestalten
Bestell-Nr. 0548–7
Alkestis – Antigone – Die Atriden (Elektra / Orest) – Iphigenie – Medea – Phädra

Band 2:
Historische Gestalten
Bestell-Nr. 0549–5
Julius Caesar – Coriolan – Der arme Heinrich – Die Nibelungen – Romeo und Julia – Jeanne d'Arc / Die Jungfrau v. Orleans – Johann Joachim Winckelmann

Edgar Neis

Verbessere Deinen Stil

2. Auflage, 120 Seiten **Bestell-Nr. 0539–8**
Der Autor versucht im vorliegenden Band vom grundlegenden Schema über Wortwahl und Satzgestaltung den Interessierten zu einer guten Ausdrucksform zu führen.
Stil ist erlernbar, deshalb wurden im 2. Teil viele künstlerisch gestaltete, stilvolle Beispiele wiedergegeben.

Edgar Neis

Wie interpretiere ich ein Drama?

Methoden und Beispiele
2. Auflage, 224 Seiten **Bestell-Nr. 0633–8**
Erstbegegnungen mit dramatischen Formen – Methode des Interpretierens – Wege zur Erschließung und Analyse eines Dramas.
Arbeit am Detail: Titel, Personen, Handlung, Aufbau, Sprache, Realisation, Bühnengestaltung, Regieanweisungen, sozio-kulturelle und historische Einordnung usw.
Modellinterpretationen – Zur Theorie des Dramas – Literaturverzeichnis.
Interessenten: Lehrer und Schüler aller Schulgattungen.

Edgar Neis

Wie interpretiere ich Gedichte und Kurzgeschichten?

13. Auflage, 208 Seiten **Bestell-Nr. 0530–3**
Ein „Grundkurs", die Kunst der Interpretation zu erlernen und zu verstehen. Die tabellarischen Leitlinien führen den Benutzer des Buches zum Verständnis für diese Gattung der Poesie. Anhand von zahlreichen durchgeführten Interpretationen ist dieses Buch ein unentbehrliches Hilfsmittel für Schüler und Lehrer.

Reiner Poppe

Rechtschreibung

Texte und Übungen für die Klassen 5 und 6
196 Seiten **Bestell-Nr. 0595–9**
Zum Selbstunterricht mit Hinweisen zur Handhabung sowie didaktischen und methodischen Anleitungen für Unterrichtende.
Zu ausgewählten Rechtschreibschwierigkeiten wurden **Texte mit vielgestaltigen Übungen** in Einzelkapiteln zusammengefaßt. Jede Textgruppe ist mit einer knappen **Zusammenfassung** des voraufgegangenen Lernstoffes sowie **Erprobungsdiktaten** abgeschlossen. Testdiktate beschließen den Übungsteil. Es wurde besonders darauf geachtet, daß der Lernende Schwierigkeiten bewußt erfährt, **Lösungswege** und **Hilfen eigenständig** formuliert und **systematisch** üben kann.

Klaus Sczyrba

Komm, wir schreiben!

Rechtschreibübungsheft für das 2. und 3. Schuljahr
Format: DIN A4 – 40 farbige Illustrationen
2. Auflage, 36 Seiten, kart. **Bestell-Nr. 0614–9**
Freude ist der Motor zum Erfolg. Nach diesem Grundsatz will der Autor den Kindern durch die lustbetonte, sehr abwechslungsreiche Art dieses Heftes den Weg zu Rechtschreibsicherung leicht machen.
In frohem Tun werden fast unauffällig fundamentale Kenntnisse der Rechtschreibung angeeignet, ohne daß die Kinder dabei den Eindruck des Übens haben.

Klaus Sczyrba

Komm, wir schreiben!

Rechtschreibübungsheft für das 3. und 4. Schuljahr
Format: DIN A4 – 60 farbige Illustrationen
60 Seiten, kart. **Bestell-Nr. 0616–5**
Alle Übungen für die Kinder des 3. und 4. Schuljahres sind so angelegt, daß sie mit Freude durchgeführt werden. Sie enthalten kurzweilige Aufgaben, Reime und Rätsel. Die Richtigkeit der Lösungen kann leicht selbst überprüft werden.
Üben ist für Kinder oft freudlos und langweilig. Bei diesem Heft spüren sie aber nicht, daß „nur geübt" wird. In froher, zielstrebiger Arbeit wird fast unbewußt die Rechtschreibfertigkeit gesteigert.

Klaus Sczyrba

Lebensnahe Diktate

für die Grundschule mit angegliederten Übungsmöglichkeiten für das **2. bis 4. Schuljahr**
3. Auflage, 152 Seiten **Bestell-Nr. 0610–6**
Dieses Übungsbuch ist aus der Erfahrung langjähriger Schularbeit entstanden und soll den Kindern vom 2. bis 4. Schuljahr helfen, ihre Rechtschreibleistungen zu verbessern.
Dazu werden 150 Diktate geboten, die in Ausmaß und Schwierigkeitsgrad dem Alter der Kinder entsprechen.
Zur vertiefenden Behandlung aller Rechtschreibbereiche sind jedem Diktat eine Reihe Übungsmöglichkeiten beigefügt.

Klaus Sczyrba

Neue lebensnahe Diktate

mit zahlreichen Übungsmöglichkeiten für das **2. bis 10. Schuljahr**
312 Seiten **Bestell-Nr. 0611–4**
Wie in den früheren Ausgaben dieses Buches werden hier wieder über 200 Diktate geboten, die in Ausmaß und Schwierigkeitsgrad dem Alter des Kindes entsprechen.

Klaus Sczyrba

Lebensnahe Diktate

mit zahlreichen Übungsmöglichkeiten für das **5. bis 7. Schuljahr,** und Anhang mit Lösungen
2. Auflage, 240 Seiten **Bestell-Nr. 0613–0**
In diesem Übungsbuch werden 150 Diktate geboten, die Kindern des 5. bis 7. Schuljahres helfen sollen, ihre Rechtschreibkenntnisse zu verbessern.
Zur vertiefenden Behandlung aller Rechtschreibbereiche ist jedem Diktat eine Reihe Übungsmöglichkeiten beigefügt.

Klaus Sczyrba

Lebensnahe Diktate

125 Diktattexte mit 600 Lösungsmöglichkeiten für das **8. bis 10. Schuljahr**
210 Seiten + Lösungsteil, kart. **Bestell-Nr. 0471–5**
Das Buch will mit seinen Diktaten und Übungen zum richtigen Gebrauch unserer Sprache beitragen. Die Diktate sind nicht nur nach Rechtschreibschwierigkeiten oder zur Anwendung einer Regel konstruiert, sondern sind auf die Bedürfnisse von Zeit und Umwelt abgestimmt.
Übungsmöglichkeiten mit Lösungen machen dieses Buch für häusliches Arbeiten und für den Unterrichtsgebrauch gleichermaßen unentbehrlich.

Klaus Sczyrba

Lebensnahe Diktate

mit zahlreichen Übungsmöglichkeiten für das **5. bis 10. Schuljahr**
432 Seiten + Lösungsheft **Bestell-Nr. 0612–2**
Auch dieses Übungsbuch soll den Kindern vom 5. bis 10. Schuljahr helfen, ihre Rechtschreibleistung zu verbessern.
Die hier angebotenen 250 Diktate sind in Ausmaß und Schwierigkeitsgrad dem Alter entsprechend ausgewählt worden. Jedem Diktat ist eine Reihe Übungsmöglichkeiten beigefügt, ebenso wurde der entsprechende Wortschatz eingebracht.
Tabellen der Rechtschreibschwierigkeiten in den einzelnen Schuljahren runden dieses Übungsbuch ab.

Klaus Sczyrba

Lebensnahe Grammatik für die Grundschule

für das 2. bis 4. Schuljahr
140 Seiten **Bestell-Nr. 0673–4**
Die alltäglichen Begebenheiten zweier Kinder sind lebendige Einstiege in alle Bereiche der Grundschulgrammatik. In übersichtlicher Weise werden alle notwendigen Kenntnisse zur Beherrschung unserer Sprache kindgemäß vermittelt, die in den angegliederten Übungen angewandt werden können. So ist dieses Büchlein sehr hilfreich für den Unterricht in der Schule und die häusliche Einzelarbeit.

Klaus Sczyrba

Lebensnahe Sprachlehre in der Grundschule

50 Unterrichtsentwürfe für die Einführung aller wesentlichen Gebiete.

112 Seiten, Illustrationen, kart. **Bestell-Nr. 0615–7**

Neubearbeitete 2. Auflage

Diese Unterrichtsentwürfe haben sich als eine vielbegehrte Hilfe erwiesen und ermöglichen, daß der sonst so trockene Stoff der Sprachlehre lebensnah, auf lustbetonte Weise eingeführt wird.

Jeder Entwurf ist eine Unterrichtseinheit, die sich über einen längeren Zeitraum erstreckt.

Klaus Sczyrba

Lebensnahe Grammatik für die Sekundarstufe I

5.-10. Klasse

ca. 80 Seiten u. Lösungsheft kart.

Bestell-Nr. 0474-X

Wesentliche Ursache für die Fehlerhäufigkeit in der Rechtschreibung ist in der mangelnden grammatischen Erkenntnis zu suchen.

Das Buch will hier Abhilfe schaffen. In übersichtlicher Anordnung bietet es in den für das Leben wichtigen Bereichen der Grammatik viele Beispiele und Übungsmöglichkeiten.

Klaus Sczyrba

Rechtschreib–Olympiade

Übungen mit Lösungen für die 5. – 7. Klasse

128 Seiten **Bestell-Nr. 0475–8**

Unser Erfolgsautor Klaus Sczyrba bringt mit diesem Band ein lebensnahes Rechtschreibbuch auf den Markt, welches durch sein Wettbewerbcharakter sicher viele Übende ansprechen wird.

Kurze Übungstexte zu den Schwierigkeiten der deutschen Sprache werden allen Benutzern Hilfe geben und einprägsam zukünftige Fehler vermeiden helfen.

Englisch

Peter Luther / Jürgen Meyer

Englische Diktatstoffe

Unter- und Mittelstufe

2. Auflage, 64 Seiten, kart. **Bestell-Nr. 0647–5**

Beginnend mit einfachsten Texten und Erklärungen wird hier der Benutzer der Bücher mit der englischen Grammatik, Wortlehre und Rechtschreibung vertraut gemacht. Die Texte geben Hinweise auf die Vorbereitung zur Nacherzählung und sind gestaffelt nach Schwierigkeiten und Themengruppen. Worterklärungen und Übungen zur Selbstkontrolle runden den Band ab.

Jürgen Meyer / Gisela Schulz

Englische Synonyme als Fehlerquellen

Übungssätze mit Lösungen

116 Seiten, kart. **Bestell-Nr. 0596–7**

Dieses Übungsbuch will helfen, die im Bereich der Synonymie immer wieder auftretenden Fehler zu vermeiden.

Die Aufstellung beruht auf Beobachtungen, die die Verfasser im Unterricht gemacht haben und erhebt keinen Anspruch auf Vollständigkeit. Die Übungssätze wurden so formuliert, daß die wichtigen Bedeutungsnuancen so klar wie möglich hervortreten. Die zur Kontrolle beigefügten Lösungen geben an, ob und wo Fehler gemacht worden sind.

Jürgen Meyer

Deutsch-englische/englisch-deutsche Übersetzungsübungen

9. bis 13. Klasse

104 Seiten **Bestell-Nr. 0594–0**

Texte für Fortgeschrittene, die ihre Kenntnisse in Wortanwendung und Grammatik erweitern und überprüfen wollen.

Zu den zeitgemäßen deutschen Texten wurden die Vokabeln und deren Anwendungsmöglichkeiten gegeben und erklärt.

Am Schluß des Bandes die englischen Texte zur Kontrolle.

Breit einsetzbar in den Sekundarstufen, Grund- und Leistungskursen.

Jürgen Meyer

Übungstexte zur englischen Grammatik

9. bis 13. Klasse

2. Auflage, 96 Seiten, kart. **Bestell-Nr. 0567–3**

Der Band enthält Übungsmaterial zu aktuellen Fragen, u. a. Sachtexte zu Personen, wissenschaftlichen Entdeckungen und zeitgeschichtlichen Ereignissen, die über das heutige Großbritannien und die USA informieren. Die Texte sind mit ausführlichen Hinweisen zu den Vokabeln sowie Übungen zur Syntax und zum Wortschatz versehen. Diskussionsvorschläge und ein sorgfältig aufbereiteter Schlüssel bieten zusätzliche Unterrichtshilfen. Das Buch ist sowohl für Gruppenarbeit als auch für das Selbststudium gut geeignet.

Edgar Neis

Übungen zur englischen Herübersetzung

108 Seiten **Bestell-Nr. 0542–8**

Das Übungsbuch richtet sich an den Schüler, der ohne Hilfe eines anderen selbständig die Fertigkeit des Übersetzens aus dem Englischen erlernen will. 38 Texte aus Literatur und Sachschrifttum, jeweils mit Vokabelangaben versehen, kann der Übende ins Deutsche übertragen und anhand des Lösungsteils auf seine Richtigkeit hin überprüfen.

Die Texte eignen sich im Unterrrichtsgebrauch als Übungen zu Nacherzählung und Grammatik.

Edgar Neis

Wie schreibe ich gute englische Nacherzählungen?

7. Auflage, 84 Seiten, kart. **Bestell-Nr. 0526–6**

Langjährige, im gymnasialen Englischunterricht auf der Mittel- und Oberstufe sowie bei zahlreichen Abiturprüfungen gewonnene Erfahrungen haben zur Herausgabe dieses Buches geführt. Texterfassung und -darstellung, Wortschatzerweiterung, Regeln der Stillehre, Erzählstil, idiomatische Redewendungen, Homophone, unregelmäßige Verben, Comment u. v. a.
Musterbeispiele als Vorlagen für Lernende.

Reiner Poppe

Englische Nacherzählungen
Unter- und Mittelstufe

96 Seiten, kart. **Bestell-Nr. 0566–5**

Der Band enthält 62 Texte unterschiedlicher Länge und Schwierigkeit. Den Texten zur engl. und amerik. Geschichte sowie zu aktuellen Gegebenheiten sind method. Anleitungen für die mögliche Behandlung vorangestellt. Es ist hier besonders an den Selbst- oder Nachhilfeunterricht gedacht. Besonderer Wert wurde auf die Hinführung zu pragmatischer Rekonstruktion („précis") der Texte gelegt. Vokabelhilfen und Kurzhinweise zu Leben/Werk herausragender, in den Texten vorkommender Persönlichkeiten runden den Band ab. Empfohlen für Orientierungsstufe und Sekundarstufe I.

Französisch

Klaus Bahners

Französischunterricht in der Sekundarstufe II

(Kollegstufe)
Texte – Analysen – Methoden
104 Seiten, kart. **Bestell-Nr. 0565–7**

Dieses Buch wendet sich an alle, die jetzt oder künftig auf der neugestalteten Oberstufe (Sekundarstufe II) Französischunterricht erteilen; vor allem an jüngere Kollegen und Referendare, aber auch an Studenten, die sich auf den Übergang vom wissenschaftlichen Studium zur pädagogischen Umsetzung vorbereiten wollen.
Schließlich gibt „Französischunterricht in der Sekundarstufe II" auch Schülern der reformierten Oberstufe wertvolle Hinweise für den selbständigen Zugang zur Interpretation französischer Texte.

Paul Kämpchen

Französische Texte zur Vorbereitung auf die Reifeprüfung

80 Seiten, kart. **Bestell-Nr. 0522–3**

Übungen für die Grammatik, den Stil und eine der Prüfungsarten – die Nacherzählung – sollen hier dem Anwärter zur Prüfung nahegebracht werden. Kurze und lange Nacherzählungstexte mit Worterklärungen stehen hier als Übungstexte zur Verfügung.
Der Schüler oder Student kann anhand dieser Kurzgeschichten seine sprachliche Beweglichkeit unter Beweis stellen. Kleine und leichte Stücke, die sich nur für Anfänger und wenig Fortgeschrittene eignen, wurden weggelassen.

Alfred Möslein/
Monique Sickermann-Bernard

Textes d'étude

64 Seiten, kart. Bestell-Nr. 0523–1

25 erzählende Texte aus der neueren französischen Literatur als Vorlagen für Nacherzählungen und Textaufgaben.
Durch unterschiedliche Längen und Schwierigkeitsgrade sowie durch breitgefächerte Thematik eignen sich diese Texte als Lektüre und Ausgangspunkt für Diskussionen im Unterricht. In den „Suggestions" findet man einige Anregungen für Übungen, die sich an die reine Textbehandlung anschließen können. Die Worterklärungen sollen das Verständnis der Texte erleichtern.

Werner Reinhard

Französische Diktatstoffe Unter- und Mittelstufe

1./2. Unterrichtsjahr sowie 3./4. Unterrichtsjahr
3. Auflage, 96 Seiten, kart. **Bestell-Nr. 0532–0**

Die nach dem Schwierigkeitsgrad geordneten Texte sind überwiegend Erzählungen und Berichte von Begebenheiten des täglichen Lebens, wobei unbekannte Vokabeln beigegeben sind. Mit den Texten lernt der Schüler die gehobene Umgangssprache, d. h. Vokabular und Wendungen, die er später für eigene Textproduktionen verwenden kann. Den Texten vorangestellt sind Bemerkungen zur Rechtschreibung, die nützliche Rechtschreibregeln enthalten.

Werner Reinhard

Übungstexte zur französischen Grammatik

9. bis 13. Klasse
2. Auflage, 128 Seiten, kart. **Bestell-Nr. 0543–6**

„Übungstexte zur französischen Grammatik" wendet sich an Lernende, die bereits einige grammatische Kenntnisse haben, sie jedoch festigen und vertiefen wollen. Es eignet sich aufgrund umfangreicher Vokabelangaben sowie des ausführlichen Lösungsteils zum Selbststudium, und vermag bei Schülern ab Klasse 9 Nachhilfeunterricht zu ersetzen.
Die textbezogenen Aufgaben berücksichtigen insgesamt die wichtigsten grammatischen Gebiete, ein Register ermöglicht auch systematisches Vorgehen.

Werner Reinhard

Übungen zur französischen Herübersetzung

96 Seiten, kart. Bestell-Nr. 0537-1

40 franz. Texte aus Literatur und Sachschrifttum, jeweils mit Vokabelangaben versehen, kann der Lernende ins Deutsche übertragen und anschließend, anhand des Lösungsteiles, seine Fassungen auf ihre Richtigkeit hin überprüfen. Dem Verfasser kam es bei den deutschen Übersetzungen nicht auf prägnanten Stil an, es ging ihm vielmehr um die inhaltlich richtige und vom Schüler nachvollziehbare Übersetzung. So enthalten die Herübersetzungen jeweils auch Anmerkungen mit wörtlichen Entsprechungen, Varianten und Hinweisen zur Grammatik. Breit einsetzbar in den Sekundarstufen.

Werner Reinhard

Kurze moderne Übungstexte zur französischen Präposition

120 Seiten, kart. **Bestell-Nr. 0568-1**

In einem lexikalischen Teil gibt das Übungsbuch zunächst einen Überblick über die Anwendung der wichtigsten Präpositionen. Auch die Präpositionen als Bindeglied zwischen Verb und Objekt bzw. Infinitiv (vor allem à und de) werden berücksichtigt. Listen erleichtern dabei systematisches Lernen.

Im anschließenden Übungsteil kann der Benutzer seine Kenntnisse überprüfen. Vorherrschende Methode ist die Einsetzübung. Mit dem Lösungsteil eignet sich das Buch gut zum Selbststudium. Einsetzbar für den Unterricht in den Sekundarstufen.

Christine und Gert Sautermeister

Der sichere Weg zur guten französischen Nacherzählung

– Zur Methodik des Hörens und Schreibens im Französischunterricht –

118 Seiten, kart. **Bestell-Nr. 0534-7**

Der erste Teil des Buches will auf die Bedingungen richtigen Hörens aufmerksam machen und Wege zum besseren Hören skizzieren. Der zweite Teil gibt Anregungen, die Grundrisse des Textes, der Gelenkstellen, Höhepunkte, Pointen nochmals zu vergegenwärtigen.

Spezifische Formulierungsprobleme der Nacherzählung entfaltet der dritte Teil.

Gemeinschaftskunde

Peter Beyersdorf

Die Bundesrepublik Deutschland

Arbeitshefte zur Sozial- und Gesellschaftskunde

Band 1:

Strukturen und Institutionen

mit Text des Grundgesetzes

124 Seiten **Bestell-Nr. 0507-X**

Band 2:

Parteien und Verbände

84 Seiten **Bestell-Nr. 0508-8**

Band 3:

Außenpolitische Entwicklung

72 Seiten **Bestell-Nr. 0509-6**

Diese Reihe wurde vor allem für den Bereich der politischen Pädagogik geplant: für Lehrer und Schüler also in erster Linie. Das gilt für Gymnasien und höhere Schulen insgesamt, für Berufsschulen und nicht zuletzt für den großen Bereich der Erwachsenenbildung in den Volkshochschulen.

Jedes Heft enthält neben dem Textteil einen Dokumentenanhang und ein Literaturverzeichnis; darin wird auf spezielle, einzelne Themen vertiefende Bücher hingewiesen.

Mit Hilfe dieser „Arbeitshefte" wird es dem Benutzer möglich, die grundsätzlichen politischen Zusammenhänge unseres Gemeinwesens und die Struktur der internationalen Politik zu erkennen. Dazu werden nicht nur Daten und Fakten angeboten, sondern zugleich auch deren Erklärung und Interpretation. Stand 1970!

Geschichte

Peter Beyersdorf

Geschichts-Gerüst

von den Anfängen bis zur Gegenwart

4 Teile in einem Band

228 Seiten **Bestell-Nr. 0551-7**

Der Primaner, der das „Skelett" dieses „Gerüstes" beherrscht, sollte allen Prüfungsanforderungen gewachsen sein!

Das vorliegende Werk will kein Ersatz für bereits bewährte Bücher ähnlicher Art sein, sondern einem **Auswahlprinzip** huldigen, das **speziell auf Gymnasien,** kurz **alle weiterführenden Schulen zugeschnitten** ist. Daher erklärt sich die drucktechnische Hervorhebung des besonders Wesentlichen (Fettdruck).

Teil I: Von der Antike bis zum Beginn der Völkerwanderung (ca. 3000 v. Chr. bis 375 n. Chr.)

Teil 2: Von der Völkerwanderung bis zum Ende des Mittelalters (375 –1268)

Teil 3: Vom Übergang zur Neuzeit bis zum Ende des 1. Weltkrieges (1268–1918)

Teil 4: Vom Beginn der Weimarer Republik bis zur Gegenwart (1918–1953)

Latein

Reinhold Anton

Die Stammformen und Bedeutungen der lateinischen unregelmäßigen Verben

Anleitung zur Konjugation von etwa 1600 einfachen und zusammengesetzten unregelmäßigen Verben.

5. verbesserte Auflage

40 Seiten, kart. **Bestell-Nr. 0500-2**

Oswald Woyte

Latein-Gerüst

Der gesamte Stoff bis zur Sekundarstufe II (Kollegstufe) in übersichtlicher Anordnung und leichtverständlicher Darstellung mit Übungstexten, Übungsaufgaben und Schlüssel.

Teil 1: **Formenlehre**
116 Seiten, kart. **Bestell-Nr. 0552–5**

Teil 2: **Übungsaufgaben und Schlüssel zur Formenlehre**
144 Seiten, kart. **Bestell-Nr. 0553–3**

Teil 3: **Satzlehre**
104 Seiten, kart. **Bestell-Nr. 0554–1**

Teil 4: **Übungsaufgaben und Schlüssel zur Satzlehre**
72 Seiten, kart. **Bestell-Nr. 0555–X**

jeweils 2. Auflage

Die vier Bände ersparen den Lernenden die Nachhilfestunden und bieten ein unentbehrliches Übungs- und Nachschlagewerk bis zur Reifeprüfung.

Der Autor hat aus einer Praxis als Oberstudiendirektor die Schwierigkeiten der lateinischen Sprache für den häuslichen Übungsbereich aufbereitet und leicht faßbar erläutert. Lernanweisungen sollen das Einprägen erleichtern.

Friedrich Nikol

Latein 1

Übungen mit Lösungen für das erste Lateinjahr in zwei Bänden.

Band 1/**Erstes Halbjahr**
mit Lösungsteil
kart. **Bestell-Nr. 0634–3**

Band 1/**Zweites Halbjahr**
mit Lösungsteil
kart. **Bestell-Nr. 0635–1**

In beiden Teilbänden wird der gesamte Stoff des ersten Lateinjahres behandelt.

Latein 2

(2. Lateinjahr)
kart. **Bestell-Nr. 0638–6**

Der lateinische Wortschatz ist in den Büchern genau angegeben und den verschiedenen lateinischen Unterrichtswerken angepaßt, die in den einzelnen Bundesländern zugelassen und eingeführt sind.
Bei gründlicher häuslicher Nachhilfe mit den Büchern wird der Übende immer mehr Freude an Latein bekommen, und bald wird sich auch der Erfolg bei den Leistungen in der Schule zeigen.

Mathematik

Bernd Hofmann

Algebra 1

Mathematikhilfe für die 7./8. Jahrgangsstufe weiterführender Schulen
216 Seiten **Bestell-Nr. 0580–0**

Helmut Kürzdörfer

Geometrie 1

Mathematikhilfe für die 7./8. Jahrgangsstufe weiterführender Schulen
232 Seiten **Bestell-Nr. 0581–9**

Diese Bücher sind im wesentlichen auf den Lehrstoff des 7. und 8. Schuljahres abgestimmt.
Sie gliedern sich in Kontroll-, Übungs- und Lösungsteil. Ausgerichtet sind sie als unterrichtsbegleitende Werke auf Schüler und die ihnen hilfreich zur Seite stehenden Eltern.
Nützlich sind sie aber auch wegen des großen und vielseitigen Angebots an Übungsaufgaben (mit vollständigen Lösungswegen) **für Lehrer.** Von ähnlichen Unterrichtshilfen heben sie sich durch die kurze, übersichtliche und verständliche Darstellung sowie durch gute Überprüfbarkeit der Kenntnisse ab. (Besprechung der Bibliothekszentrale, Reutlingen).

Lothar Deutschmann

Mathematik

Wegweiser zur Abschlußprüfung
Mathematik I, II und III an Realschulen
Anhang: Reifeprüfungsaufgaben mit Lösungen 1980/1981/1982/1983
168 Seiten + 121 Abb.
kart. **Bestell-Nr. 0644–0**

Ein erfahrener Pädagoge erteilt Nachhilfeunterricht in Mathematik.

Friedrich Nikol/Lothar Deutschmann

Algebra 2

Mathematikhilfe für die 9./10. Klasse
Übungaufgaben und Schulaufgaben mit Lösungswegen und Lösungen.
168 Seiten + 46 Abb.
kart. **Bestell-Nr. 0645–9**

Anhand von Klassenarbeiten und Probearbeiten wird versucht, den Schülern Nachhilfe zu erteilen.
Lösungswege und Lösungen erleichtern das Auffinden eigener Fehler.

Ruth Kirchmann

Zielscheibe Mathematik

Wenn Schüler vor Mathematik zurückschrecken, liegt es häufig an den Lücken, die irgendwann entstanden sind und das Verständnis des ganzen folgenden Unterrichtsstoffes blockieren.

Dezimalzahlen

78 Seiten – viele Abbildungen
+ 8 Seiten Lösungsheft

Bestell-Nr. 0671–8

Johannes Lorenz

Mathematik-Gerüst–Unterbau

6. Auflage
84 Seiten, kart. **Bestell-Nr. 0558–4**

Sammlung von Formeln und Sätzen mit zahlreichen Musteraufgaben und vielen Figuren.

Inhalt: Zahlenrechnen – Algebra – Gleichungen – Logarithmen – Geometrie – Stereometrie – Trigonometrie.

Dieser Band richtet sich an den Lernenden, der in kurzer Form seine Kenntnisse wieder auffrischen möchte und anhand von Musteraufgaben Lösungswege rekonstruieren will.

Bis Sekundarstufe I.

Georg Ulrich / Paul Hofmann

Geometrie zum Selbstunterricht

Ein vollständiger Lehrgang der Geometrie zum Selbstunterricht und zur Wiederholung und Nachhilfe. Von der elementaren Geometrie über die Differential- und Integralrechnung bis zur Integralgleichung bieten die Bände den gesamten Stoff der Oberschulen bis zur Sekundarstufe II.
Übungsaufgaben mit Lösungen erleichtern die Verfolgung des Rechenweges und deren Einprägung und Verstehen.

1. Teil:
Planimetrie
172 Seiten, kart. **Bestell-Nr. 0576–2**

2. Teil:
Trigonometrie
136 Seiten, kart. **Bestell-Nr. 0540–1**

3. Teil:
Stereometrie
148 Seiten, kart. **Bestell-Nr. 0577–0**

4. Teil:
Analytische Geometrie
232 Seiten, kart. **Bestell-Nr. 0536-3**

Robert Hippe

Philosophie-Gerüst

Teil 1
96 Seiten **Bestell-Nr. 560–6**

Der erste Band des „Philosophie-Gerüsts" will an die Geschichte der abendländischen Philosophie heranführen, dem Leser einen Überblick über die Jahrhunderte philosophischen Denkens geben.

Aus dem Inhalt: Was ist Philosophie? Die griechische Philosophie – Die hellenistisch-römische Philosophie – Die Philosophie des Christentums – Die Philosophie des Mittelalters, im Zeitalter der Renaissance und des Barocks – Die Philosophie von der Aufklärung bis zu Hegel – Die Philosophie der Gegenwart. Anhang – Bibliographie u. a.

Teil 2
80 Seiten **Bestell-Nr. 561–4**

Im zweiten Band werden die Disziplinen der reinen und angewandten Philosophie behandelt, und dem Benutzer ein Überblick über den gewaltigen Umfang des Bereichs der Philosophie gegeben.

Aus dem Inhalt: **Die Disziplin der reinen Philosophie:** Logik und Dialektik – Psychologie – Erkenntnistheorie – Ontologie und Metaphysik – Ethik – Ästhetik.

Die Disziplinen der angewandten Philosophie: Naturphilosophie und Philosophie der Mathematik – Geschichtsphilosophie – Rechts- und Religionsphilosophie – Philosophische Anthropologie und Existenzphilosophie – Sprachphilosophie.

Philosophie und Weltanschauung
Bibliographischer Anhang u. a.

Physik

Robert Gehr

Einführung in die Atomphysik

Vorbereitungshilfen für das Physik-Abitur an mathematisch-naturwissenschaftlichen Gymnasien.

152 Seiten, kart. **Bestell-Nr. 0511–8**

Inhalt: Das Atommodell der kinetischen Gastheorie – Die atomistische Struktur der Elektrizität – Energiequanten und Korpuskeln – Atommodelle – Kernphysik – Nachweismethoden für Strahlungen.

Das Ziel des Buches ist, den Physikstoff der Abschlußklassen im Hinblick auf die Reifeprüfung umfassend und gründlich darzustellen, andererseits aber auch – gemäß dem Bildungsauftrag einer höheren Schule – in das (physikalische) Weltbild der Gegenwart einzuführen.

Thomas Neubert

Physik 11. KLasse

Nachhilfebuch mit Lösungen
ca. 128 Seiten, kart. **Bestell-Nr. 0683–1**

Dieses Buch basiert auf den neuesten Lehrplänen **Physik 11. Klasse** der Bundesländer.
Jeder behandelte Abschnitt ist in einen Grundlagenteil und einen Aufgabenteil mit vollständigen Lösungen aufgeteilt.
Dieser Band knüpft lückenlos an den im **Physik–Gerüst Sekundarstufe I** behandelten Stoff an.

Thomas Neubert

Physikalische Formelsammlung

64 Seiten, 2-farbig, kart. **Bestell-Nr. 0685-8**

Für den Schulunterricht und für häusliches Arbeiten ein wichtiges Hilfsmittel – echte Lernhilfe!